"十二五"职业教育国家规划教材

经全国职业教育教材审定委员会审定

汽车拆装实训

主　编　房　颖
副主编　殷挺峰
参　编　薛　姣　骞大闯　孙华雨　赵玉霞

机械工业出版社
CHINA MACHINE PRESS

本书是经全国职业教育教材审定委员会审定的"十二五"职业教育国家规划教材，是根据教育部于2014年公布的中等职业学校相关专业教学标准，同时参考汽车维修工职业资格标准编写的。在汽车构造的基础上，以大众车为典型代表对汽车各部分进行拆装，以强化操作技能，主要内容包含汽车维修工量具和仪器的使用、发动机的随车拆装、发动机各部分的拆装、底盘的拆装、车身的拆装。书中应用了大量图片，通过生动、活泼、富有启发性的教学方式讲授汽车的结构。

本书可作为中等职业学校汽车类相关专业实训教材，也可作为汽车维修工岗位培训实训教材。

为便于教学，本书配套有电子课件等教学资源，选择本书作为教材的教师可来电（010-88379865）索取，或登录www.cmpedu.com网站，注册后免费下载。

图书在版编目（CIP）数据

汽车拆装实训/房颖主编．—北京：机械工业出版社，2015.5（2025.8重印）
"十二五"职业教育国家规划教材
ISBN 978-7-111-50280-7

Ⅰ.①汽…　Ⅱ.①房…　Ⅲ.①汽车-装配（机械）-中等专业学校-教材　Ⅳ.①U472.4

中国版本图书馆CIP数据核字（2015）第103971号

机械工业出版社（北京市百万庄大街22号　邮政编码100037）
策划编辑：曹新宇　责任编辑：曹新宇　贺贵梅
责任校对：炊小云　封面设计：张　静
责任印制：刘　媛
北京富资园科技发展有限公司印刷
2025年8月第1版第9次印刷
184mm×260mm·7印张·168千字
标准书号：ISBN 978-7-111-50280-7
定价：30.00元

凡购本书，如有缺页、倒页、脱页，由本社发行部调换

电话服务　　　　　　　　　　　网络服务
服务咨询热线：010-88379833　　机工官网：www.cmpbook.com
读者购书热线：010-88379649　　机工官博：weibo.com/cmp1952
　　　　　　　　　　　　　　　　教育服务网：www.cmpedu.com
封面无防伪标均为盗版　　　　　金书网：www.golden-book.com

前　言

本书是根据教育部《关于中等职业教育专业技能课教材选题立项的函》（教职成司函[2012] 95号），由全国机械职业教育教学指导委员会和机械工业出版社联合组织编写的"十二五"职业教育国家规划教材，是根据教育部于2014年公布的中等职业学校相关专业教学标准，同时参考汽车维修工职业资格标准编写的。

本书主要介绍常用汽车维修工量具和仪器的使用、发动机的随车拆装、配气机构的拆装、曲柄连杆机构的拆装、供给系统的拆装、冷却系统的拆装、润滑系统的拆装、点火系统的拆装、起动系统的拆装、底盘传动系统的拆装、转向系统的拆装、制动系统的拆装、行驶系统的拆装、汽车车身保险杠的拆装、汽车内饰件的拆装。书中应用了大量图片，通过生动、活泼、富有启发性的教学方式讲授汽车结构。本书重点强调培养学生的操作技能，编写过程中力求体现以下特色。

1）执行新标准。本书依据最新教学标准和课程大纲要求，对接职业标准和岗位需求培养技能型人才。

2）体现新模式。本书采用理实一体化的编写模式把汽车结构与拆装等知识有机结合起来，突出"做中教，做中学"的职业教育特色。

3）教学任务明确。每个任务都有任务书，使师生在从事每一项教学任务前就明确教与学的目标，从而有利于师生高效地完成每一项教学任务。

4）图文并茂，通俗易懂。根据中职学生知识现状与认知特点，使用大量的图片，配合少量的文字描述，力求知识的简单化，使教学内容通俗易懂。

本书教学学时建议为56学时，学时分配建议见下表。

项　目	内　容	学　时
项目一	汽车拆装基本知识	4
项目二	汽车发动机的拆装	24
项目三	汽车底盘总成的拆装	22
项目四	汽车车身附件的拆装	6
合计		56

全书共4个项目，由河南机电职业学院房颖主编。具体分工如下：河南机电职业学院孙华雨编写项目一的任务一，河南机电职业学院房颖编写项目一的任务二，项目二的任务一～

五，河南机电职业学院赵玉霞编写项目二的任务六、七，河南机电职业学院薛姣编写项目二的任务八，河南机电职业学院殷挺峰编写项目三，河南机电学校骞大闯编写项目四。本书经全国职业教育教材审定委员会审定，评审专家对本书提出了宝贵的建议，在此对他们表示衷心的感谢。编写过程中，编者参阅了国内外出版的有关教材和资料，在此对相关的作者一并表示衷心感谢。

  由于编者水平有限，书中不妥之处在所难免，恳请读者批评指正。

编　者

目　录

前言

项目一　汽车拆装基本知识 1
- 任务一　掌握汽车拆装的原则及规程 1
- 任务二　汽车拆装常用工量具的使用 6

项目二　汽车发动机的拆装 17
- 任务一　发动机总成的拆装 17
- 任务二　曲柄连杆机构的拆装 24
- 任务三　配气机构的拆装 31
- 任务四　冷却系统的拆装 34
- 任务五　润滑系统的拆装 38
- 任务六　起动系统的拆装 42
- 任务七　点火系统的拆装 44
- 任务八　燃油供给系统的拆装 47

项目三　汽车底盘总成的拆装 52
- 任务一　传动系统的拆装 52
- 任务二　行驶系统的拆装 81
- 任务三　转向系统的拆装 89
- 任务四　制动系统的拆装 93

项目四　汽车车身附件的拆装 96
- 任务一　汽车保险杠的拆装 96
- 任务二　汽车内饰件的拆装 100

参考文献 105

项目一

汽车拆装基本知识

项目描述

拆卸与装配在整个汽车修理工作中具有十分重要的地位。实践证明，有了合格的零件，不一定能装配出合格的汽车。由于装配不良，往往使零件与零件之间不能保持正确的位置及配合关系；由于拆卸不当，又会使零件造成不应有的缺陷，甚至损坏零件。这样不仅浪费工时，而且直接影响到修理的质量、修理的成本以及汽车的使用寿命，并且汽车拆卸与装配在整个汽车维护与修理作业中占有很大的比重，所以，它是汽车维修过程的重要环节。因此，在努力实现拆卸与装配机械化的基础上，必须掌握正确进行拆装作业的知识与技能。

任务一 掌握汽车拆装的原则及规程

任务目标

1）熟悉汽车拆装应遵循的原则及规程。
2）熟悉和掌握安全操作常识，培养文明生产的良好习惯。

任务实施

一、拆卸与装配的原则及方法

拆卸的目的是检查和修理汽车的零部件，以便对需要保养的总成进行保养，或对有缺陷的零件进行修复或更换，使配合关系失常的零件经过调整达到规定技术标准。拆卸应遵循以下几条原则。

1. 熟悉汽车的构造及工作原理

汽车的种类、型号繁多，结构不同，拆卸顺序和使用的工具也随之不同。如果不了解所需要拆卸汽车的结构和特点，那么任意敲击或撬打都会造成零件的变形或损坏。因此，了解汽车的构造和工作原理，是确保正确拆卸的前提。

2. 按需要进行拆卸

零部件经过拆卸，往往容易产生变形和损坏，特别是紧配合件更是如此。不必要的拆卸不仅会缩短汽车的使用寿命，而且会增加修理成本、延长修理工期。因此，应防止盲目地大拆大卸。如果可以通过不拆卸检查就能判定零件的技术状况是否符合要求，那么就尽量不拆卸，以免损坏零件。

3. 掌握正确的拆卸方法

为了提高拆卸工效，减少零部件的损伤和变形，需要使用相应的专用工具和设备，严禁任意敲击和撬打。例如：拆卸紧配合件时，应尽量使用压力机和顶拔器；拆卸螺栓连接件时，要选用适当的工具，依螺栓紧固的力矩大小优先选用套筒扳手、梅花扳手和固定扳手，尽量避免使用活扳手和手钳；防止损坏螺母和螺栓的六角棱，给下次的拆卸带来不必要的麻烦。另外，应充分利用汽车大修配备的拆卸工具。

对由表及里按顺序逐级拆卸。一般先拆车厢、外部线路、管路、附件等，然后按机器—总成—部件—组合件—零件的顺序进行拆卸。

4. 拆卸时要为重新装配做好准备

（1）拆卸时要注意检查校对装配标记　为了保证一些组合件的装配关系，在拆卸时应对原有的记号加以校对和辨认；没有记号或标记不清的，应重新检查并做好标记。有的组合件是分组选配的配合副，或是在装合后加工的不可互换的组合件。例如：轴承盖和连杆盖等，它们都是与相应的组合件一起加工的，均为不可互换的组件，必须做好装配标记，否则将破坏它们的装配关系甚至动平衡。

（2）零件要分类顺序摆放　为了便于清洗、检查和装配，零件应按照不同的要求分类顺序摆放；否则，零件胡乱堆放在一起，不仅容易相互撞伤，而且会在装配时造成错装或找不到零件的麻烦。

为此，应按照零件的大小和精度归类分格存放；同一总成、部件的零件应集中在一起放置；不可互换的零件应成对放置；易变形、易丢失的零件应专门放在相应的容器里。

5. 螺纹连接件的拆卸

拆卸连接件中最常见的是螺纹连接件。一般说来，螺纹连接件的拆卸是比较容易的，但是，如果不重视拆卸方法，则也会造成零件的损伤。

（1）螺纹连接件的拆卸方法　采用合适的套筒扳手或固定扳手（根据螺栓上紧固力矩的大小，依次选用套筒扳手、梅花扳手和呆扳手）。当拆卸有困难时，应分析难拆的原因，不能蛮干。不应任意加长扳手以增大拆卸力矩，否则会造成连接件的损坏或拧断螺栓。双头螺柱的拆卸要用专用的拆卸工具；在缺乏专用工具时，也可以在双头螺柱的一端拧上一对螺母，互相锁紧，然后用扳手把它连同螺栓一起旋下。

（2）锈死螺栓的拆卸　拆卸锈死螺栓可用下列方法：将螺栓拧紧再退回，反复松动，逐渐拧出；用锤子振击螺母，借以振碎锈层，以便拧出；在煤油中浸泡20～30min，让煤油渗到锈层中去，使锈层变松，以便拧出；用喷灯加热螺母，使其膨胀，趁螺栓尚未热时，迅速拧出。有条件的以使用除锈剂为最佳。

（3）断头螺栓的拆卸　原则上是在断头螺栓上加工出一个能承受力矩的部位，然后拧出；如果断头露在外面，则可将其凸出部分挫成一个方形，用扳手拧出；如果断头在螺栓孔内，则可在螺栓端面钻出一个小孔，然后用反扣丝锥将其旋出，或者在小孔内楔入一个多棱体，然后将其拧出；如果断头与零件平齐，则可在断口焊上一个螺母，然后将其拧出。

（4）螺栓组与螺母组的拆卸　由多个螺栓或螺母连接的零件在拆卸时，应注意以下事项：

1）为了防止受力不均匀而造成的零件变形和损坏，应首先将每一个螺栓或螺母拧松，并尽量对称拆卸。

2）应先拆下难拆的螺栓或螺母，否则会由于微量变形的产生和零件位置的移动而使其变得更加难拆。

3）对于拆卸后会因受重力而下落的零件，应使其最后拆下来的螺纹连接件具有拆卸方便且又能保持平衡的能力。

二、装配的基本知识

将零件按照一定的顺序和要求相互连接组成部件、总成和整车的过程称为汽车的装配。

1. 装配的基本知识

（1）装配的基本概念　汽车是一个很复杂的机器，通常由数千个零件组成。零件与零件的组成按照其功用可分为合件、组合件、部件、总成件等装配单元。这些装配单元各自具备一定的作用，它们之间具有一定的配合关系。装配就是将所有这些装配单元按照一定的技术要求与顺序组合起来，构成一辆完整的汽车。

1）零件。零件是由一种材料或几种材料制成的最基本的单独件，是组成汽车的基本单元。零件可分为标准零件（如普通螺栓、螺母、垫圈和销子等）和专用零件（如曲轴和活塞等）两类。

2）基础零件。以该零件为基础进行装配，在其上装配有各种组合件与总成，并能保证各零件之间的相互位置关系，这样的零件称为基础零件。如气缸体、气缸盖、变速器壳体、后桥壳、油泵体等。

3）合件。两个或两个以上的零件装合为一体，但只能起着一个零件的作用，这样的装配单元称为合件，如带盖的连杆和成对的轴瓦等。装配组合件、部件和总成时，从某一合件开始，这个合件称为基础合件，如镶有气缸套的气缸体等。

4）组合件。若干零件或合件装配为一体，且各零件之间具有相互运动关系，但尚不具备单独完整的机构作用，这样的装配单元称为组合件，如活塞连杆组和曲轴飞轮组等。

5）部件。部件是由若干个零件、合件、组合件或基础件组成的。部件具有一定的功能和作用，如散热器和排气管等。

6）总成。总成是指由部件、组合件、零件或基础件装配而成，具有一定功能的机构。其零件与零件之间不仅有相互关系，而且能独立、完整地起一定的作用，如发动机、变速器、机油泵和分电器等。

无论是合件、组合件、部件或是总成的装配，都必须严格地按照一定的顺序和技术要求进行。

（2）零件连接的种类　零件连接分为固定连接和活动连接两种。活动连接又分为可拆的（如轴与轴承、齿轮副、杜塞副等）和不可拆的（如滚动轴承和止回阀等）两种。

（3）装配质量　装配是汽车修理和生产的后备阶段。一辆汽车能否可靠地运行，保证良好的动力性和经济性，在很大程度上取决于最终的装配质量。为此，必须保证装配精度，即要求保证配合件的配合精度、位置精度及其正确的连接关系。

例如：为了保证配合精度，装配工作必须严格按照修理技术标准规定的公差范围进行配合。为此，常采用以下几种方法：

1）选配法。在汽车修理中，一些配合件的精度要求很高，当某些配合件的加工精度不能满足再换性要求时，必须进行选配，如气缸与活塞、活塞环与环槽等。其他配合件也尽可能选配，使其具有较好的装配质量。除了配合间隙选配外，对于活塞连杆组还要进行质量选配，以防止由于质量的不平衡而引起发动机工作时的不正常振动。

2）修配法。这是在装配前所进行的某种机械加工，如铰削、刮削和研磨等，加工后的零件能够达到符合技术标准的配合精度。例如：连杆衬套与活塞销孔的铰削、气门与气门座、气缸盖下平面的研磨等。

3）调整法。调整法是指利用调整垫片和调整螺钉等方法进行调整，以达到所规定的配合关系要求。这种方法在汽车修理中比较常见，如圆锥滚动轴承的间隙调整、后桥锥形齿轮啮合间隙的调整、气门间隙的调整等。

2. 装配过程

一个完整的装配过程包括装配前的准备、装配及装配后的调整试验三个阶段。

（1）装配前的准备

1）装配前准备。这是检查零件质量的最后一关。对于经过修理和更换的所有零件，在装配前都要进行认真的质量检查，以防止不合格的零件进入装配过程。这是保证装配质量的重要环节。

2）清洁工作零件。装配前都要进行仔细的清洗，防止油污、尘粒和金属屑等进入相对运动零件之间，以免破坏配合关系而加速磨损。除指定清洗剂外，一般使用干净的柴油或汽油进行清洗，然后用压缩空气吹干。

3）配合零件的选配。配合零件必须满足一定的配合要求，包括间隙配合、过渡配合及过盈配合，这就是装配前要做好的选配工作，并作出相应的标记，以保证零件装配的正确性。

（2）装配　按照一定的顺序和技术要求进行零部件的装合，以保证它们之间正确的装配关系。

（3）装配后的调整试验　无论是部件、总成或是整台车辆，装配后都应进行试验。其目的是检查装配是否符合要求，只有通过试验才能得到论证。因此，对装配后的部件、总成试验或对整车进行整体性能试验和运转试验，是检验其装配质量的重要内容。通过试验，可以发现是否存在卡滞、异响、过热和渗油等现象，并检测其工作能力和性能等指标是否符合要求。

在汽车装配中，某些项目要通过运转试验才能完成最后的调整。例如：制动、转向等机构必须在路试中进行调整；化油器必须在发动机运转时进行调整；燃油泵、调速器和喷油器在装车前必须在试验台上进行调整等。

三、注意事项

1) 发动机拆卸前必须放出冷却液和机油,释放燃油压力。
2) 发动机的拆卸必须在完全冷却的状态下进行,以免机件变形。
3) 发动机起吊时必须连接牢固,以确保起吊的安全性。
4) 使用千斤顶等举升机具时,必须确保支撑点的正确无误,并使支撑稳固、可靠,否则不得进入车下进行操作。
5) 吊装发动机等总成时,必须由专人负责指挥,操作过程中不可将手脚伸入易被挤压的部位,以免发生危险。
6) 汽车总成解体时,应使用专用工、机具按照分解顺序进行;对较难拆卸的零件,必须采用合理、有效的方法,不得违反操作规程。
7) 对于螺纹连接件的拆卸,应选用合适的呆扳手、梅花扳手或套筒扳手及专用工具,不可使用活扳手或手钳,以免损伤螺母或螺栓头的棱角。
8) 对重要件的拆卸,首先要熟悉其结构,并按照合理的工艺规程进行。
9) 拆卸蓄电池接线柱引线时,应拉动插座本体,以免损坏引线。
10) 在任何零件的加工面上锤击时,都必须垫以软金属或垫棒,不可用锤子直接敲打。
11) 所有零件在组装前必须经过彻底的清洗并用压缩空气吹干,经检验确认合格后方可装配。
12) 凡是螺栓和螺母所使用的平垫圈、弹簧垫圈、锁止垫圈、开口销、垫片及其他金属索线等,必须按照规定装配齐全;主要螺栓的螺纹紧固时,后杆部应伸出螺母 1~3 扣;一般螺栓允许螺纹不低于螺母上平面,在不妨碍使用的情况下,也可高出螺母。
13) 对于螺栓和螺柱,如果有变形,即不可再用;当螺纹断扣、滑牙不可修复时,则都应进行更换。
14) 使用手电钻、台钻、砂轮机和空气压缩机等机具时,必须严格遵守有关的安全操作规程,防止发生安全事故。
15) 装配时,应注意以下几个方面:

① 必须明确配合性质和要求,掌握过盈配合及间隙配合的技术标准。对于过盈配合和间隙配合的零件,应严格按照规定的装配工艺进行装合,如冷压、热装和预润滑等工艺要求。

② 严格按照规定的拧紧力矩和拧紧顺序进行螺纹连接件的紧固。例如:连杆螺栓、主轴承螺栓和气缸盖螺栓等重要螺栓以及生产厂对全车各个螺纹连接件按照规定力矩进行紧固时,螺栓组必须分次交叉均匀拧紧;气缸盖螺栓应从中央到四周按对角线分次交叉均匀拧紧等。

③ 止动零件应牢固可靠。螺栓、螺母、锁片、开口销和锁丝等凡是一次性使用的零件,不能重复使用。锁片的制动爪和倒边应分别插入轴槽并贴近螺母边缘;弹簧垫圈的内径要与螺栓直径相符,张距近似为垫片厚度的两倍;对于成对、成组的固定螺栓,可在螺栓头的每一个面上钻通孔,当拧紧后,用钢丝穿过螺栓头上的孔,使其互相联锁。

④ 密封部分应防止"三漏"(即漏油、漏气和漏水)。三漏的原因一般是装配工艺不符合要求,或密封件磨损、变形、老化和腐蚀所致。密封的质量往往与密封材料的选用、预紧

程度和装配位置有关。凡是一次性使用的密封件，一经拆卸必须进行更换。

⑤ 高速往复运动和高速回转运动的主要零件要注意平衡和质量分组，以免造成运行时的剧烈振动。例如：曲轴的配重不能互换，各缸活塞、活塞连杆组的质量差不能大于允许值等。

⑥ 对于出厂前已涂有密封紧固胶的零件，在重新安装时必须除净残胶和油污，涂上所规定的密封紧固胶加以密封或紧固。

⑦ 在拆开真空管时，必须在其端头做出安装位置标记，以确保安装的准确性；在脱开真空软管时，只能拉动软管的端头，不允许拉软管的中部。

⑧ 在拆卸线束插接器时，只能用手握住插接器拉开，不允许拽动线束。

⑨ 对于转向系统，在拆卸时应注意气囊的安全性。

⑩ 注意防火、防漏电等。

检测评价

汽车拆装原则及规程的掌握考核与成绩评定（参考）见表1-1。

表 1-1 汽车拆装原则及规程的掌握考核与成绩评定（参考）

序　号	考核内容	配　分	评分标准	得　分
1	拆卸顺序	20	拆卸方法不正确扣10分，不作标记、摆放不按顺序扣10分	
2	螺纹连接件的拆卸	20	拆卸方法不正确扣10分，不作标记、摆放不按顺序扣10分	
3	汽车装配的基本知识	20	装配的顺序不正确扣10分，清洁不当扣10分	
4	拆卸过程中的注意事项	20	操作不正确每次扣5分	
5	操作现场整洁，安全用电，防火，无人身、设备事故	20	因操作不当发生重大事故，此次实训按0分计	
	分数总计	100		

任务二　汽车拆装常用工量具的使用

任务目标

1）熟悉各种常用维修工量具的使用及注意事项。
2）掌握正确使用各种常见通用维修工量具的方法。

任务实施

一、常用维修工具

1. 套筒

套筒是指套筒扳手的简称，是上紧或卸松螺钉的一种专用工具，由数个内六棱形套筒和一个或几个以上套筒的手柄构成。套筒的内六棱根据螺栓的型号依次排列，可以根据需要选用。

（1）套筒　套筒呈短管状，一端内部呈六角形或十二角形，用来套住螺栓头；另一端有一个正方形的头孔，该头孔用来与配套手柄的方榫配合，如图1-1所示。

（2）套筒扳手　套筒扳手是由多个带六角孔或十二角孔的套筒并配有手柄、接杆等多种附件组成，特别适用于拧转位于十分狭小或凹陷很深处的螺栓或螺母，如图1-2所示。

图1-1　套筒

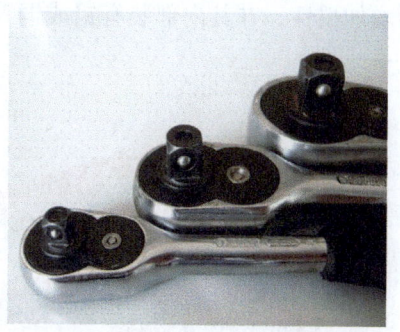

图1-2　套筒扳手

2. 扳手

扳手是一种常用的安装与拆卸工具，是利用杠杆原理拧转螺栓、螺钉、螺母和其他螺纹紧固螺栓或螺母的开口或套孔固件的手工工具。

（1）呆扳手　呆扳手又称为开口扳手（或称为死扳手），如图1-3所示，主要分为双头呆扳手和单头呆扳手。呆扳手主要适用于无法使用套筒扳手和梅花扳手操作的位置。

（2）梅花扳手　梅花扳手两端呈花环状，如图1-4所示，其内孔是由两个正六边形相互同心错开30°而成的。很多梅花扳手都有弯头，常见的弯头角度在10°～45°之间，从侧面看，旋转螺栓部分和手柄部分是错开的。这种结构方便于拆卸装配在凹陷空间的螺栓和螺母，并可以为手指提供操作间隙，以防止擦伤。用在补充拧紧和类似的操作中，可以使用梅花扳手对螺栓或螺母施加大力矩。梅花扳手有各种规格，使用时要选择与螺栓或螺母大小对应的扳手。

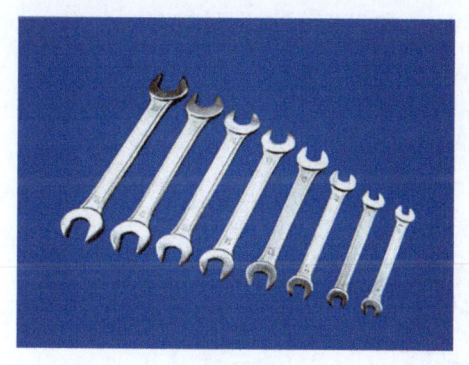

图1-3　呆扳手

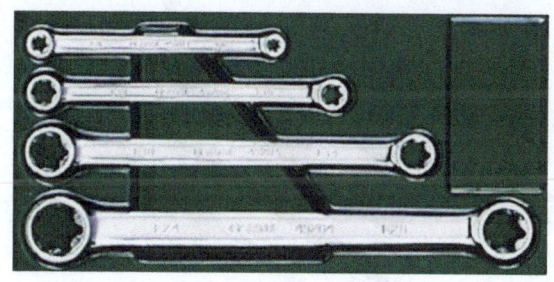

图1-4　梅花扳手

3. 锤子

锤子也称为榔头，属于捶击类工具，主要用于捶击錾子和冲子等工具或用来敲击工件，使工件变形、位移和振动，从而达到校正和整形等目的。按照锤头材料的不同可分为铁锤和软面锤等。

（1）铁锤　铁锤锤头的材料多由碳素工具钢锻制而成，在汽车维修中经常用到的铁锤有圆头锤、方锤和钣金锤等，如图1-5所示。

（2）软面锤（软头锤）　软面锤主要用来击打不允许留下痕迹或易损坏的部位。如图1-6所示，根据软面锤头部使用材料的不同，可分为橡胶锤、塑料锤和木锤。很多软面锤为增加惯性，在其内部装有铅或铜等金属。

图1-5　铁锤

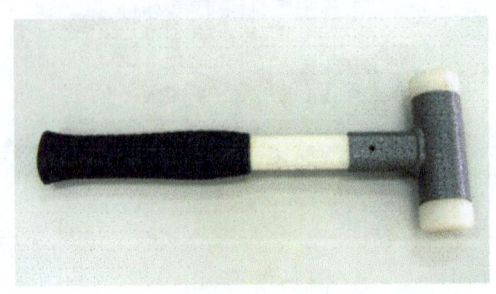

图1-6　软面锤

4. 锉刀

锉刀是锉削的主要工具，如图1-7所示，由碳素工具钢制成，锉刀的主要部分是锉面上特制的锉齿纹。常用锉刀可分为普通锉刀和整形锉刀（什锦锉）两类。普通锉刀根据截面形状的不同，又分为平锉、方锉、半圆锉、三角锉和圆锉。

二、常用维修量具

1. 钢直尺

钢直尺是最基本的测量工具，是用薄钢板制成的，它一般用于精度要求不高的测量，可以直接测量出工件的尺寸。

钢直尺一般用钢材或不锈钢材打造而成，如图1-8所示，长度分为150mm、200mm和300mm三种，最小刻度是0.5mm。汽车修理厂使用150mm和300mm这两种较多。

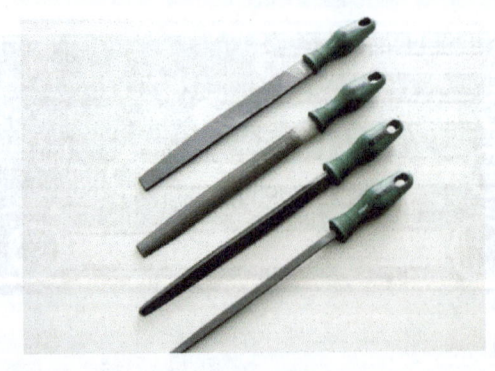

图1-7　锉刀

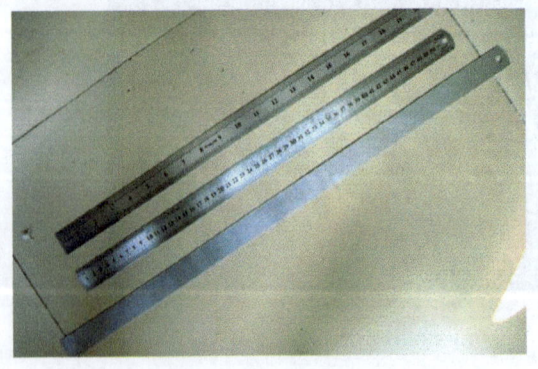

图1-8　钢直尺

使用钢直尺时,要以端边的"0"刻线作为测量基准。这样,在测量时不仅容易找到测量基准,而且便于读数和计数。测量时,钢直尺要放平、放正,刻度面朝上、朝外,不得前后、左右歪斜,否则从尺上读得的数据比被测得的实际尺寸大。

2. 游标卡尺

(1) 概述 游标卡尺又称为四用游标卡尺,简称卡尺,是由刻度尺和卡尺制造而成的精密测量仪器,能够正确且简单地从事长度、外径、内径及深度的测量。如图1-9所示,游标卡尺根据最小刻度的不同分为0.05mm和0.02mm两种。在汽车维修工作中,0.02mm精度的游标卡尺使用最多。

常用游标卡尺的测量范围是0~150mm,应根据所测零部件的精度要求选用合适规格的游标卡尺。

游标卡尺的主要部分由一个带有刻度杆的固定量爪和一个滑动量爪(包括外量爪和内量爪)组成。尺身上刻有主刻度线,滑动爪上刻有游标刻度。主刻度尺是以毫米来划分刻度的,将1cm平均分为10个刻度,在厘米刻度线上标有数字1、2、3等,表示为1cm、2cm、3cm等。游标卡尺主刻度尺和游标刻度尺每个刻度差是0.02mm,这就是此游标卡尺的测量精度。

读数时,首先读出游标零线左边与主刻度尺身相邻的第一条刻线的整毫米数,即测得尺寸的整数值,如图1-10所示,读数为13.00mm。

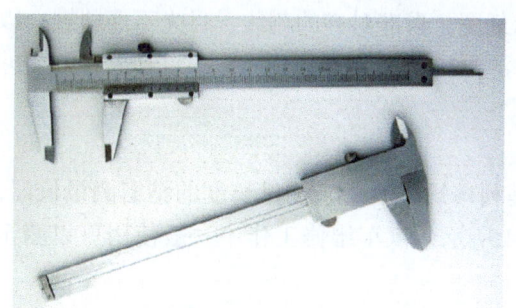

图1-9 游标卡尺

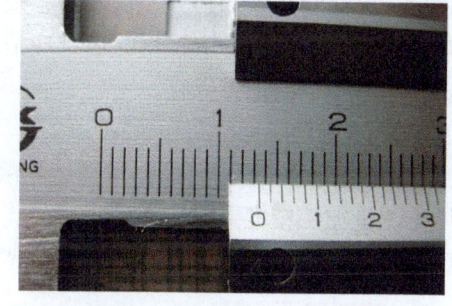

图1-10 游标卡尺的读数

再读出游标刻度尺上与主刻度尺刻度线对齐的那一条刻度线所表示的数值,即测量值的小数,如图1-11所示,为0.44mm。把从尺身上读得的整毫米数和从游标刻度尺上读得的毫米小数加起来即测得的实际尺寸。即13mm+(0.02mm×22) =13mm+0.44mm=13.44mm。

(2) 游标卡尺的使用

1) 使用前的检查。使用游标卡尺时先应依照下列事项逐一检查:

① 测定量爪的密合状态。主、副尺的量爪必须完全密合。内径测定用量爪,在密合状态下能够看到少许光线,表示密合良好;反之,如果穿透光线很多,则表示量爪密合不佳。

② 零点校正。当量爪密合后,主、副尺零点必须相互一致才是正确的。

③ 游标的移动状况。游标必须能够在主尺上轻轻地移动而不会发出声音才行。

2) 测量操作。在从事测量作业之前,必须事先清理测量零件及游标卡尺。在测量外径时,需要将零件深夹在量爪中,如图1-12所示,然后用右手拇指轻压游标卡尺,同时使测定工件和游标卡尺保持垂直状态。

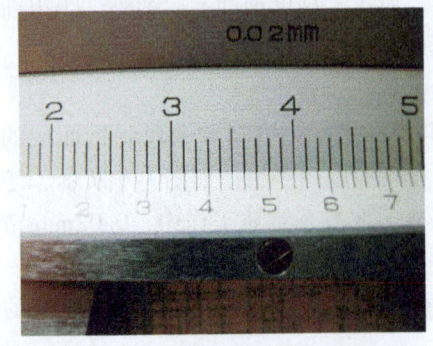

图1-11　游标卡尺的读数

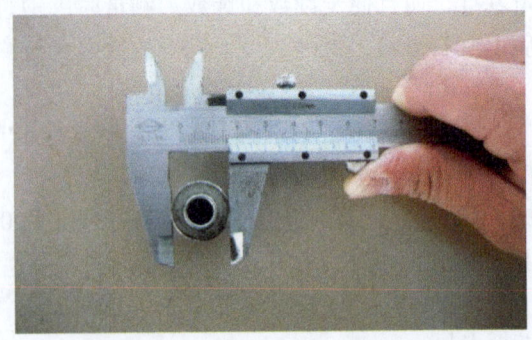

图1-12　游标卡尺的外径测量操作

内径尺寸的测量按照图1-13测定，首先是用拇指轻轻拉开副尺，并使主尺量爪与测定物件保持正确的接触，上下晃动，由指示的最大尺寸读取读数。此外，用游标卡尺还可以测量汽车零部件的深度。

（3）游标卡尺的维护注意事项　游标卡尺是一种精密的测量工具，要获得很好的精度应小心轻放和妥善保存。

测量前，应将游标卡尺清理干净，并将两量爪合并，检查游标卡尺的精度情况。在使用之后，应清除灰尘和杂物。读数时，要正对游标刻度，看准对齐的刻线，目光不能斜视，以减小读数误差。游标卡尺用完后，应清除污垢并涂上防锈油，将其放回盒子里并放在不受冲击及不易掉下的地方保存。

3. 千分尺

（1）概述　千分尺也称为螺旋测微器，它是利用螺纹节距来测量长度的精密测量仪器，用于测量加工精度要求较高的零部件，如图1-14所示，汽车维修工作中一般使用可以测至1/100mm 的千分尺，其测量精度可达到0.01mm。

图1-13　游标卡尺的内径测量操作

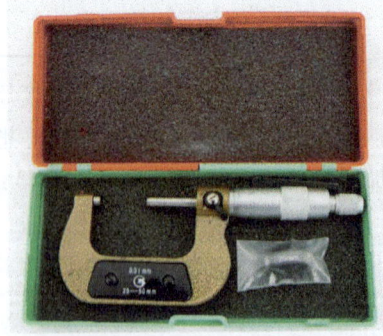

图1-14　千分尺

外径千分尺是用于外径宽度测量的千分尺，测量范围一般为0～25mm。根据所测零部件外径的粗细，可选用测量范围为0～25mm、25～50mm、50～75mm、75～100mm等多种规格的千分尺。外径千分尺的构造如图1-15所示，主要由测砧、测微螺杆、尺架、固定套筒、套管、棘轮旋钮及锁紧装置等部件组成。

项目一 汽车拆装基本知识

固定套筒上刻有刻度，测轴每转动一圈即可沿轴方向前进或后退 0.5mm。如图 1-16 所示，活动套管的外圆上刻有 50 等份的刻度，在读数时每等份为 0.01mm。

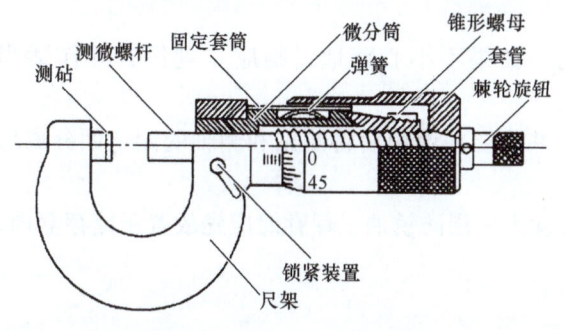

图 1-15　外径千分尺的构造

图 1-16　外径千分尺的活动套管

棘轮旋钮的作用是保证测轴的测定压力，当测定压力达到一定值时，限荷棘轮即会空转。如果测定压力不固定，则无法测得正确尺寸。

（2）外径千分尺的读数　套筒刻度可以精确到 0.5mm（可以读至 0.5mm），由此以下的刻度则要根据套筒基准线和套管刻度的对齐线来读取读数。

如图 1-17 所示，套筒上的读数为 55mm，套管上的 0.01mm 的刻度线对齐基准线，因此读数是 55mm + 0.01mm = 55.01mm。

又如图 1-18 所示，套筒上的读数为 55.5mm，套管上的 0.45mm 的刻度线对齐基准线，因此读数是 55.5mm + 0.45mm = 55.95mm。

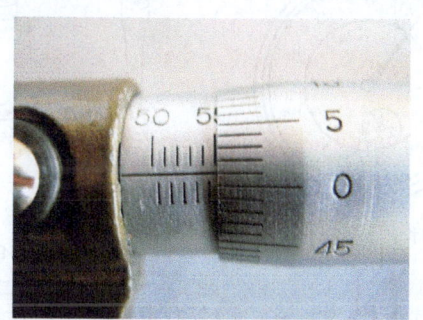

图 1-17　外径千分尺的读数

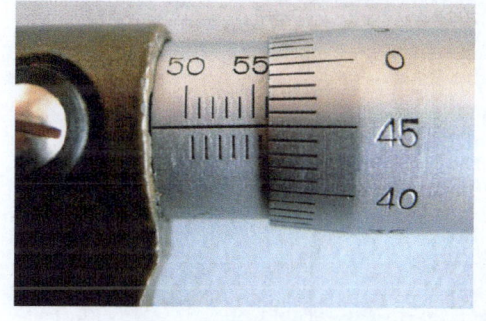

图 1-18　外径千分尺的读数

千分尺属于精密的测量仪器，在测量时应注意以下事项：

1）使用前确保零点校正，若有误差，则用调整扳手进行调整或用测定值减去误差。

2）被测部位及千分尺必须保持清洁，若有油污或灰尘，则必须立即擦拭干净。

3）测量时将被测面轻轻顶住砧子，转动限荷棘轮及套筒使测轴前进。

4）测定时尽可能握住千分尺的弓架部分，同时要注意不可碰及砧子。

5）旋转后端限荷棘轮，使两个砧端夹住被测部件，然后旋转限荷棘轮一圈左右，当听到发出两三响"咔咔"声后，就会产生适当的测定压力。

6）为防止因视差而产生误读，最好让眼睛视线与基准线成直角后再读取读数。

7）当测量活塞、曲轴轴径之类的圆周直径时，必须保证测轴轴线与最大轴径保持一致

（即测试处为轴径最大处）。若从横向来看，则测轴应与检测部件中心线垂直，只有这样才能保证测试数据正确无误。

(3) 外径千分尺的使用及维护注意事项

1) 使用时应避免掉落地面或遭受撞击，如果不小心落地，则应立刻检查并作适当处理。

2) 严禁放置在污垢或灰尘很多的地点，并且要在使用后将测砧和测轴的测定面分离后再放置。

3) 为防止生锈，使用后必须立即擦拭并涂上一层防锈油。保存时应先放置于储存盒内，再置于湿度低、无振动的地方保存。

4. 百分表

百分表利用指针和刻度将心轴移动量放大来表示测量尺寸，主要用于测量工件的尺寸误差以及配合间隙，如图 1-19 所示。

(1) 百分表的种类　百分表的测量头包括 4 种类型，如图 1-20 所示。

1) 长型，适合在有限空间中使用。

2) 辊子型，用于轮胎的凸面或凹面测量。

3) 杠杆型，用于测量不能直接接触的部件。

4) 平板型，用于测量活塞凸出部分等。

图 1-19　百分表

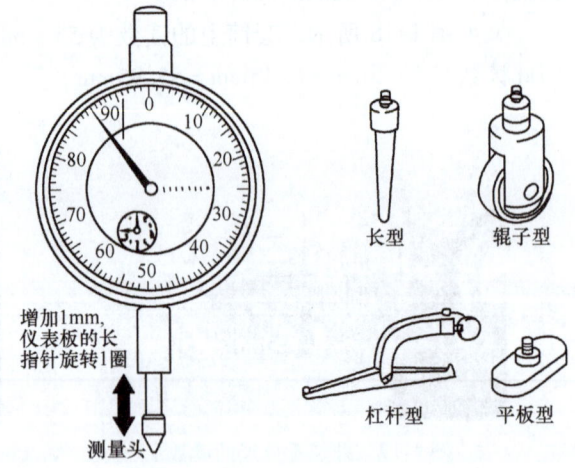

图 1-20　百分表的测量头类型

(2) 百分表的结构　百分表主要是由尺条和小齿轮装配而成的，其工作原理是利用尺条和小齿轮将心轴的移动量放大，再由指针的转动来读取测定数值。图 1-21 所示为百分表的内部结构及原理示意图。

测量头和心轴的移动量带动第一小齿轮转动，再利用同轴上的从动齿轮传递给第二小齿轮转动，于是装置在第二小齿轮上的指针即能放大心轴的移动量显示在刻度盘上。而由于长针每一个回转相当于 1mm 的移动量，将刻度盘分刻 100 等份，所以测定的移动量可精确到 1/100mm。

(3) 百分表的读数　百分表的表盘刻度分为 100 格，当量头每移动 0.01mm 时，大指针偏转 1 格；当量头每移动 1.0mm 时，大指针偏转 1 圈。小指针偏转 1 格相当于 1mm。

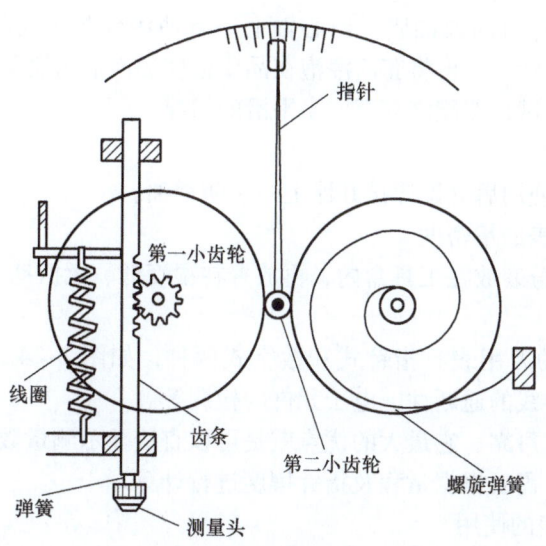

图1-21　百分表的内部结构及原理示意图

（4）百分表的使用　百分表要装设在支座上才能使用，在支座内部设有磁铁，旋转支座上的旋钮使表座吸附在工具台上，因而又称为磁性表座。此外，百分表还可以与夹具、V形槽、检测平板和顶心台合并使用，进行弯曲、振动及平面状态的测定或检查。

1）曲轴弯曲度的测定。图1-22所示为利用百分表进行曲轴弯曲度测定的情形。先将曲轴的两端支撑在检测平板上的V形槽中，然后将百分表固定在磁性支架上，调整百分表测量头使其顶住中央的轴颈部，接着缓慢地转动曲轴，如果曲轴有微小的弯曲，那么百分表就会将它放大在刻度盘上显示出来，即可看见指针转动。

2）平面与平行度的检测。虽然气缸盖、制动后挡板的变形可以用直尺来测定，但若使用百分表来测定，则能更准确地求得各部位的尺寸差。图1-23所示为制动后挡板在检测平板上进行变形检查的情形。测定时以装置面为基准面，由检测平板上各观测点所观测的数值即能发现各部位的高、低差，当然也可了解变形的情形。

图1-22　曲轴弯曲度测定

图1-23　平面与平行度的检测

（5）百分表的使用维护注意事项　使用百分表时要注意以下两点：

1）百分表内部构造和钟表相类似，应避免摔落或遭受强烈的撞击。

2）心轴上不可涂抹机油或油脂。当心轴上沾有油污或灰尘而导致心轴无法平滑移动时，使百分表保持垂直状态，再将套筒浸泡在品质极佳的汽油内浸至中央部位，来回移动数次后再用干净的抹布擦拭，即能恢复至原来平滑的情况。

（6）百分表的保存

1）为防止生锈，使用后立即擦拭并涂上一层防锈油。

2）定期检查百分表的精密度。

3）储存时先将百分表放在工具盒内，再放置在湿度低、无振动的库房内。

5. 万用表

（1）概述　常见的万用表有指针式和数字式两种，如图 1-24 所示，主要用于进行电流、电压、电阻以及导线的通断性、电子元件的检测等。

数字式万用表工作可靠，它最大的优点就是可以直接显示测量数据，而指针式万用表的读数则不能直接显示，需要根据量程及指针摆度进行计算。

（2）数字式万用表的使用

液晶显示：若被测电压为负值，则显示值前将带"–"；若所测电压超出量程，则将在屏幕左端显示"1"或"–1"。电源开关一般会在面板左上部显示屏下方字母"POWER"（电源）的旁边，"OFF"表示关，"ON"表示开。

量程开关：在面板中央的量程开关配合各种指示盘，可完成不同测试功能和量程的选择。

HFE 插口是测量晶体管直流放大倍数的，上面标有 B、C、E 字母，使用时将晶体管的 B、C、E 引脚插入相应的插孔内。

输入插孔在面板的下部，标有"COM""V·Ω""mA"和"10A"。使用时，黑表笔插入"COM"插孔，红表笔根据被测量的种类和大小插入"V·Ω""mA"或"10A"的插孔中。

直流电压是汽车电器设备维修中最常用到的测量项目。如图 1-25 所示，测量时应将红表笔插入"V·Ω"插孔，黑表笔插入"COM"插孔，将量程开关拨至"DCV"范围内的适当量程档，将电源开关打开，将红表笔接正极，黑表笔接负极，并联于电路测试点上，显示器上就出现测量值。

图 1-24　万用表

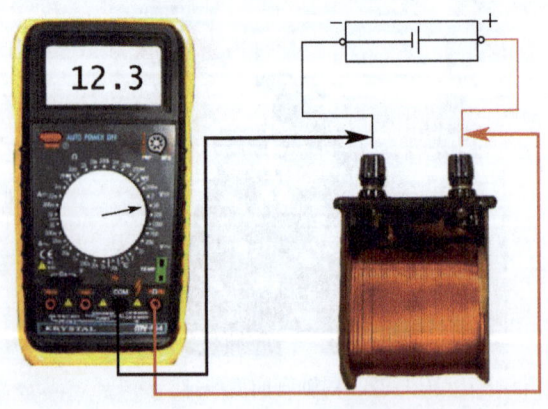

图 1-25　直流电压的测量

项目一 汽车拆装基本知识

测量交流电压方法，类同于直流电压测量，只是要把量程开关拨至"ACV"范围内的适当量程档。

测量电阻时，将量程开关拨至"Ω"范围内的适当量程档。如图1-26所示，将红色测试导线插入"V·Ω"插口，并将黑色测试导线插入"COM"端子。将测量表笔接触到被测器件的两端，显示屏上便可显示此器件的电阻值。

当把量程开关调至通断档时，若被测元件或导线的电阻不超过50Ω，则蜂鸣器会发出连续报警音，表明短路。

测直流电流时，把红表笔插入"mA"插孔，若所测电流大于200mA时，则需插入"10A"插孔，并将黑表笔插入"COM"端子，如图1-27所示。将量程开关拨到"DCA"范围内的适当量程档，打开电源开关，将两表笔串接在测量点上，这样就可以在显示屏上读出测量值了。

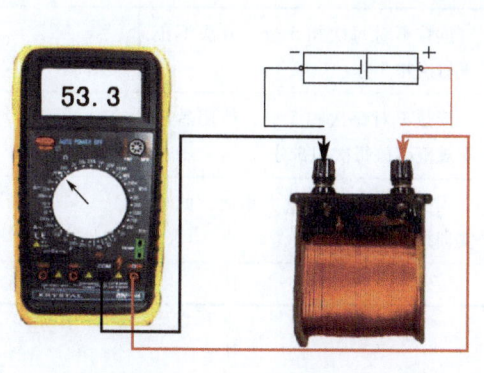
图1-26 电阻的测量

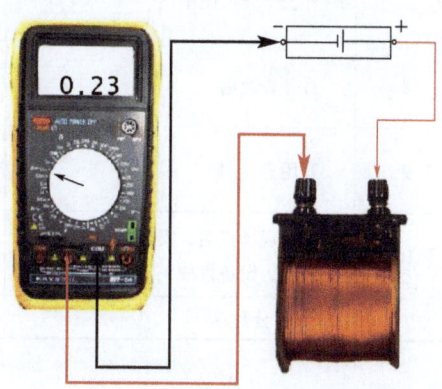
图1-27 直流电流的测量

交流电流的测量方法类同于直流电流的测量，只是要把量程开关拨至"ACA"范围内的适当量程档。

测量二极管时，将量程开关旋至二极管符号档，将红表笔插入"V·Ω"插孔，将黑表笔插入"COM"端子。将红色探针接到待测的二极管的阳极，而黑色探针接到阴极。此时，万用表上显示的是二极管的正向电阻。若将测试表笔的极性与二极管的电极反接，则显示屏读出来的是"1"或"0"。通过这样的测量，可以区分二极管的阳极和阴极，并可判断二极管的好坏。

(3) 数字万用表的日常维护 更换电池和熔丝时，为避免错误的读数导致电击或人员伤害，电池显示（+）号标记闪烁时应尽快更换电池。打开机壳或电池门以前，必须把测试线断开，电源关闭后方可进行。

万用表使用完毕后应关闭电源，放回盒子，保存在干燥且干净的地方，禁止把万用表放在高温、易冲击或者容易掉下的地方。

 检测评价

汽车拆装常用工量具的使用考核与成绩评定（参考）见表1-2。

表 1-2 汽车拆装常用工量具的使用考核与成绩评定（参考）

序 号	考 核 内 容	配 分	评 分 标 准	得 分
1	套筒工具使用	10	操作不当每次扣 3 分	
2	扳手使用	10	操作不当每次扣 3 分	
3	锤子使用	10	选择不正确扣 5 分，操作不当扣 3 分	
4	锉刀使用	10	操作不当扣 3 分	
5	钢直尺使用	10	读数不对每次扣 5 分	
6	游标卡尺使用	10	读数不对每次扣 5 分，方法不正确每次扣 5 分	
7	外径千分尺使用	10	读数不对每次扣 5 分，方法不正确每次扣 5 分	
8	百分表使用	10	读数不对每次扣 5 分，方法不正确每次扣 5 分	
9	万用表使用	10	读数不对每次扣 5 分，使用后没有规范存放每次扣 5 分	
10	操作现场整洁，安全用电，防火，无人身、设备事故	10	因操作不当发生重大事故，此次实训按 0 分计	
	分数总计	100		

项目二

汽车发动机的拆装

通过对各种典型发动机的观察分析,并对一台多缸发动机的拆装和主要部位的检查调整,熟悉车用发动机各机构和系统的组成,掌握发动机工作原理整机的结构特点和拆装要点。

任务一　发动机总成的拆装

任务目标

1)明确发动机总成的识别及更换的工艺流程、发动机总成的拆装要求及磨合的重要性。

2)根据《维修手册》,与同学协作规范地更换发动机总成。

任务准备

1)一辆大众汽车。
2)发动机拆装千斤顶一台,举升机工位一位。
3)汽车发动机常用拆装工具1套,专用拆装工具1套。
4)清洗机1台。
5)零部件存放台、盆各1个。
6)机油壶、机油和棉纱等。

汽车拆装实训

任务实施

1. 发动机总成的拆卸

1）断开蓄电池负极,举升并固定汽车,让前轮悬空。
2）放空变速器油(图2-1)。
3）放空散热器中的冷却液(图2-2)。

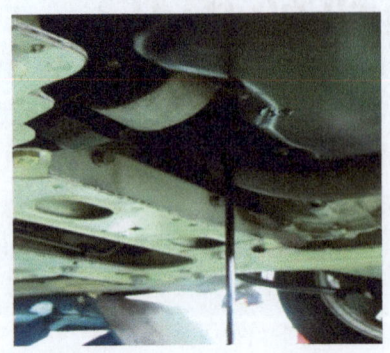

图2-1 放空变速器油

图2-2 放空冷却液

4）放空助力转向液(图2-3)。
5）拆卸空气滤清器总成(图2-4)。

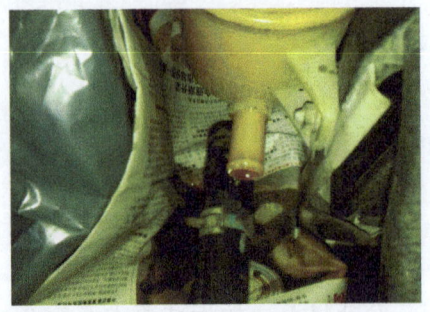

图2-3 放空助力转向液

图2-4 拆卸空气滤清器

6）拆卸蓄电池(图2-5)。
7）拆卸计算机支架(图2-6)。

图2-5 拆卸蓄电池

图2-6 拆卸计算机支架

8）拆卸蓄电池支架（图2-7）。
9）拆卸前车轮（图2-8）。
10）拆卸左、右传动轴（图2-9和图2-10）。

图2-7　拆卸蓄电池支架

图2-8　拆卸前车轮

图2-9　拆卸左传动轴

图2-10　拆卸右传动轴

11）脱开计算机电缆（图2-11）。
12）脱开离合器拉索（图2-12）。
13）脱开节气门拉索（图2-13）。
14）脱开换档操纵机构的长操纵杆（图2-14）。

图2-11　脱开计算机电缆

图2-12　脱开离合器拉索

15）脱开空调压缩机传动带。拆下右下盖板和前右挡泥板（使用塑料铆钉拆卸钳）；拧松张紧轮固定螺栓（图2-15中的1、2、3处），放松传动带上的张紧轮，拆除皮带。

16）拆下空调压缩机，并将其绑在车身上（图2-16）。

图 2-13　脱开节气门拉索

图 2-14　脱开换档操纵机构的长操纵杆

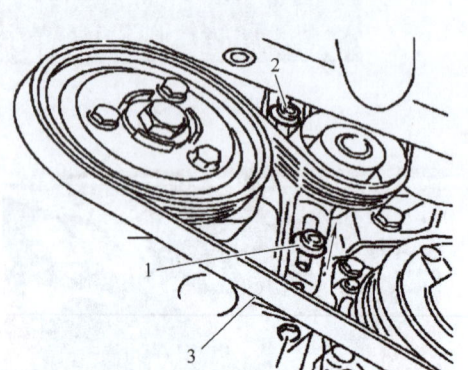

图 2-15　张紧轮螺栓示意图

图 2-16　拆下空调压缩机

17）脱开空气滤清器进气管。
18）脱开供油管，脱开回油管。
19）脱开暖风进、出水软管。
20）使用胶管卡箍拆卸钳拆开散热器胶管。
21）脱开动力转向泵上的胶管。
22）拆去发动机线束及熔断器上的线束。
23）拆下动力转向泵与转向阀之间的连接管（图2-17）。
24）拆下进气管与真空助力器之间的连接管（图2-18）。

图 2-17　拆下动力转向泵与转向阀之间的连接管

图 2-18　拆下进气管与真空助力器之间的连接管

25）拆下排气管固定螺栓。
26）拆下发动机下支架的吊耳螺栓（图 2-19）。
27）吊起发动机总成（带变速器）（图 2-20）。

图 2-19　拆下发动机下支架的吊耳螺栓

图 2-20　吊起发动机总成（带变速器）

28）拆除发动机左、右支架（图 2-21）。
注意：不要损坏散热器。

图 2-21　拆除发动机左、右支架

29）吊下发动机总成（带变速器）（图 2-22）。

图 2-22　吊下发动机总成（带变速器）

30）拆除变速器总成（图 2-23）。
31）拆除离合器总成（图 2-24）。
注意：防止离合器从动盘掉落。

汽车拆装实训

图 2-23　拆除变速器总成

图 2-24　拆除离合器总成

2. 发动机总成的装复

1）安装离合器总成（图 2-25）。

注意：确保装对离合器从动盘的正反面。

2）安装变速器总成（图 2-26）。

注意：

① 确保变速器的定位销完全、正确地进入发动机相应的定位孔内。

② 分离拨叉应将分离轴承推到底。

③ 变速器相关螺栓按规定的拧紧力矩拧紧。

图 2-25　安装离合器总成

图 2-26　安装变速器总成

3）在油封刃口处涂抹机油，用油封安装工具安装差速器左、右油封。

4）用"G6"型润滑脂涂在变速器弹性支架内部。

5）吊起发动机总成（带变速器）。

6）安装发动机总成（带变速器）。

① 安装发动机左、右支架，固定发动机支架。

② 装上发动机下支架的吊耳螺栓。

7）装上排气管固定螺栓。

8）装上进气管与真空助力器之间的连接管。
9）装上暖风进、出水管。
10）装上散热器胶管。
11）装上滤清器进气管（图 2-27）。
12）装上供油管和回油管（图 2-28）。

图 2-27　装上滤清器进气管

图 2-28　装上供油管和回油管

13）连接发动机线束，连接熔断器上的继电器线束。
14）连接固定在熔断器上的搭铁线，连接变速器上的搭铁线。
15）连接熔断器线。
16）连接动力转向泵与转向阀之间的连接管（图 2-29）。
17）安装空调压缩机（图 2-30）。

图 2-29　连接动力转向泵与转向阀之间的连接管

图 2-30　安装空调压缩机

18）安装空调压缩机传动带。
① 按顺序安装传动带：曲轴带轮、空调压缩机带轮、助力转向泵带轮、张紧轮。
② 把传动带张力数字显示仪安装在传动带上，使传动带张力达到 120 +3 个单位。
③ 拧紧张紧轮固定螺栓，拆下工具。
19）安装离合器拉索。
20）安装换档操纵机构的长操纵杆。
21）安装动力转向泵上的胶管。
22）安装节气门拉索。

汽车拆装实训

23）安装空气滤清器总成。
24）安装发动机及支架。
25）安装传动轴。
26）安装前轮。
27）加注变速器油、动力转向液、冷却液。
28）调整离合器拉索的长度。
29）接上电源负极,将车辆落地,进行汽车检测,路试。

检测评价

发动机总成的拆装考核与成绩评定（参考）见表2-1。

表2-1 发动机总成的拆装考核与成绩评定（参考）

序 号	考核内容	配 分	评分标准	得 分
1	正确使用工量具、仪器	10	工量具、仪器使用不当每次扣5分	
2	外部附件的拆卸	20	拆卸方法不正确每次扣5分	
3	发动机总成的吊起	15	拆卸方法不正确扣5分,不作标记、摆放不按顺序扣5分	
4	发动机支架的拆装	10	拆卸方法不正确每次扣5分	
5	吊起发动机总成	10	方法不正确每次扣3分	
6	安装发动机的总成	15	方法不正确每次扣5分	
7	发动机外部附件的安装	20	方法不正确每次扣5分	
8	操作现场整洁,安全用电,防火,无人身、设备事故		因操作不当发生重大事故,此次实训按0分计	
	分数总计	100		

任务二　曲柄连杆机构的拆装

任务目标

1）学会汽车发动机的曲柄连杆机构与机体组件的正确拆装,进一步掌握发动机机体组件各零部件的结构原理。
2）培养学生在任务实施过程中的团队协作精神。

任务准备

1）汽车发动机1台,发动机拆装架1台。
2）汽车发动机常用拆装工具1套,专用拆装工具1套。
3）检测仪器：标准检测平台1个,检测支架1对,标准直尺1把,塞尺1把,量缸表

1套，千分尺1把，百分表1个，连杆校正器1台。

4）清洗机1台。

5）零部件存放台、盆各1个。

6）机油壶、机油、棉纱等。

7）实训操作台五台。

8）每5~6人一组，由试验老师指导，学生自己动手拆装发动机。

任务实施

一、气缸盖上附件的拆卸

1. 气缸盖上附件的拆卸

（1）拆装前的准备工作 一般在拆卸发动机前，应断开或松开与汽车其他系统联系的所有电路、气路和油路，并将发动机与变速器总成脱离，然后从汽车前面将发动机拆下来。放净发动机内的油和水。有条件的可以将发动机固定在发动机翻转架上进行拆装。

（2）拆卸

1）取下各缸的高压线，用T形套筒扳手拆下分电器，如图2-31所示。

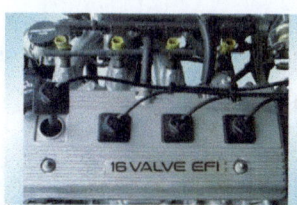

图2-31 高压线及分电器的拆卸示意图

2）用T形套筒扳手拆卸进、排气歧管及进、排气管垫，如图2-32所示。

图2-32 拆卸进、排气歧管示意图

3）拆下曲轴箱通风管，如图2-33所示。

4）拆下气门室罩及气门室罩密封条等。

2. 气缸盖上附件的安装

1）在干净的气缸盖密封衬垫表面上涂以密封胶，在密封胶固化以前，将气门室罩安装在气缸盖上，拧紧气门室罩紧固螺钉，拧紧力矩为6.4N·m。

2）安装进、排气歧管。

3）拧上加机油口盖，装上各缸高压线和曲轴箱通

图2-33 拆卸曲轴箱通风管

风管。

二、气缸盖的拆装

1. 气缸盖的拆卸

1）拆下正时带上护罩，拧松正时带张紧轮螺母，如图2-34所示。

2）松开正时带，如图2-35所示。

图2-34　拧松张紧轮螺母示意图

图2-35　松开正时带示意图

3）拆出火花塞，并放置在一边。

4）按照图2-36所示的顺序，松开凸轮轴轴承盖螺栓，拆下凸轮轴。

5）按照图2-37所示从1到10的顺序，松开气缸盖螺栓。

图2-36　凸轮轴轴承盖螺栓拧松顺序图

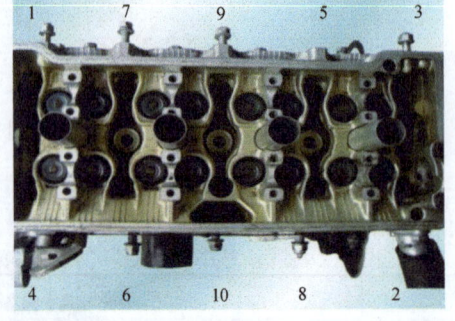

图2-37　气缸盖螺栓拧松顺序图

6）将气缸盖与气缸垫一起拆下。

2. 气缸盖的安装

按照与拆卸相反的顺序安装气缸盖，但应注意以下事项：

1）在安装气缸盖之前，要将曲轴转动到1缸的上止点位置，如图2-38所示。

2）安装气缸垫时，有标号（配件号）的一面必须可见，如图2-39所示。

3）更换气缸盖紧固螺栓，不能重复使用已经按照拧紧力矩拧紧过的螺栓。

4）按照图2-40所示的顺序，用扭力扳手以40N·m的力矩拧紧气缸盖螺栓，然后用扭力扳手再拧紧180°。

图2-38　1缸上止点位置图

图2-39　气缸垫的安装方向

5）更换损坏的衬垫。

6）安装凸轮轴（注意凸轮轴轴承盖上的记号），如图2-41所示，并按规定的先中间后两边的顺序用力矩要求拧紧凸轮轴轴承盖螺栓。

图2-40　气缸盖螺栓拧紧顺序图

图2-41　凸轮轴安装标记

7）对角拧紧气门罩盖的紧固螺母，拧紧力矩为10N·m。

三、活塞连杆组的拆装

1. 活塞连杆组的拆卸

1）将要拆卸的活塞连杆组（有两个缸）转到活塞处于下止点，并检查活塞顶、连杆大端处有无记号。如果无记号，则应按次序在活塞顶、连杆大端上用钢字号码或尖冲冲上记号，如图2-42所示。

2）拆下连杆螺母，如图2-43所示，取下连杆端盖、衬垫和连杆轴承，并按顺序放好，以免相互搞错。

3）用手将连杆向上推，使连杆与连杆轴颈分离。用橡胶锤或锤子的木柄推出活塞连杆组，如图2-43所示。如果缸口磨成了台肩或有积炭，则应先刮平，以免损坏活塞环等；另外注意不要硬撬、硬敲，以免损伤气缸。

4）取出活塞连杆组后，应将连杆盖、衬垫、螺栓和螺母按原样装回，不可错乱。

2. 活塞连杆组的分解

1）用活塞环装卸钳拆下活塞环（图2-44），观察活塞环装配记号。

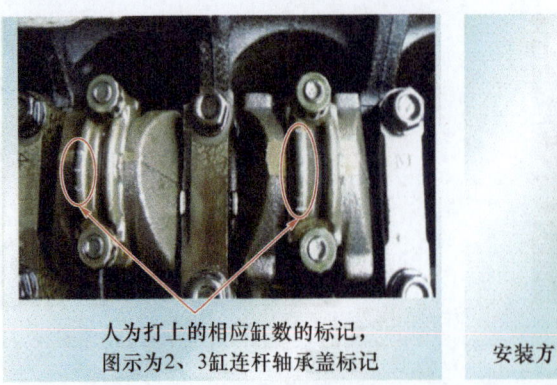

图 2-42　安装标记

图 2-43　取出活塞连杆组示意图

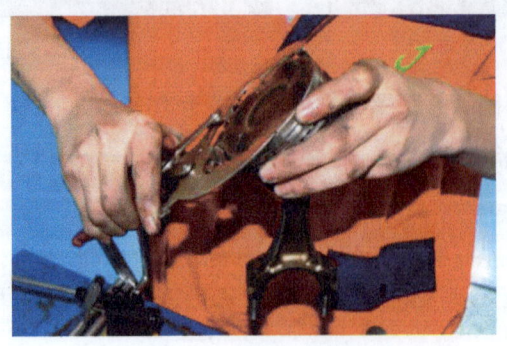

图 2-44　活塞环的拆卸

2）将活塞连杆组浸入 60℃ 的热水中，并在热状态下拆下活塞销和活塞。完成上述作业后，仔细观察活塞连杆组各零件的结构、作用和特点以及各零件间的相互连接关系。

3. 活塞连杆组的装合

1）用汽油清洗活塞组各零件，用钢丝捅各油孔、油道，清除污垢，然后用高压空气吹干各零件。

2）按顺序、标记分组放好，并清点零件。

项目二 汽车发动机的拆装

3）安装活塞销。将活塞置于水中加热60~80℃后,取出活塞迅速擦净座孔,用拇指力量将涂有机油的活塞销推入活塞的一端销孔内,随即在连杆小头的衬套内涂上一层机油,将小头伸入活塞内;继续用拇指力量将活塞销推入连杆衬套,直到活塞的另一端销孔边缘使活塞销端面与活塞销卡环槽的内端面平齐为止(严禁用锤子打入);然后装入卡环。卡环嵌入环槽中的深度应不少于环径的2/3,卡环在环槽中与活塞销两端有间隙,以保证活塞销受热膨胀留有余地。

4）安装活塞环。要用活塞环装卸钳依次装好第一道气环、第二道气环。第三道是油环(组合环)。

注意:安装时要对准装配记号和活塞环开口方向。

4. 将活塞连杆组件装入气缸

1）将1缸曲柄转到下止点位置,取1缸的活塞连杆总成。在瓦片、活塞环处加注少许机油,转动各环使机油进入环槽,并检验各环开口是否处于规定方位。

2）用专用工具收紧各环,按活塞顶箭头方向将活塞连杆总成从气缸顶部放入缸筒,用手引导连杆使其对准曲轴轴颈,用锤子的柄将活塞推入。装入前注意检查如图2-42所示的装配记号。

3）取1缸的连杆轴承盖(带有轴瓦),使标记朝前装在连杆上,并按规定力矩交替拧紧连杆螺母。

4）依据同样的方法,将其余各缸活塞连杆组件装入相应的气缸。

5）活塞连杆组装复后,用锤子朝曲轴轴线方向前后轻敲轴承时,连杆应能轻微移动;全部装复后,转动曲轴时,松紧度应适宜;所有连杆螺栓和螺母应齐全、可靠。

四、曲柄连杆机构的拆装

1. 发动机曲柄连杆机构拆卸前的准备工作

1）放出油底壳内的机油。

2）拆卸发动机机体外部零件(附件),拆装步骤见气缸盖上附件的拆装。

3）拆卸正时带和带轮(或正时链轮和链条)。

2. 发动机机体拆卸

1）拆卸气门室罩,取下气门室罩密封垫。

2）拆卸凸轮轴。拆卸凸轮轴轴承盖螺栓的顺序如图2-36所示。

注意:拆卸下来的轴承盖一定要做好标记,并按顺序放好。

3）拆下气缸盖。拆卸螺栓的顺序如图2-37所示,应从两端向中间分次、交叉拧松。

4）拆下机油集滤器。

5）将曲轴摇至需拆缸位于下止点,拆卸位于下止点的活塞连杆组,注意气缸号、朝前记号(图2-42),如果无记号,则需人为做上相应的标记,以便安装及拆卸。

6）拆下曲轴的正时齿轮及前、后油封。

7）按照两边往中间的拆装顺序拧松主轴承盖螺钉,卸下曲轴飞轮组,如图2-45所示。

注意:拆卸时注意对准主轴承盖的安装记号。

3. 发动机机体装配

按照与拆卸相反的顺序将各部件进行装配。

注意:各部件应按规定力矩拧紧。

汽车拆装实训

1）安装曲轴飞轮组。
2）安装活塞连杆组。
注意：缸号朝前记号。
3）安装气缸盖。
注意：对准气缸垫的安装方向。
4）安装凸轮轴。
注意：对准凸轮轴的安装标记，如图 2-46 所示。
5）安装气门室罩。更换气门室罩密封垫。
6）安装机油泵总成。
7）安装油底壳。
8）安装正时带及带轮（或正时链轮及链条），以及带传动。
注意：核准曲轴正时标记，如图 2-47 所示。

图 2-45 拆卸主轴承盖

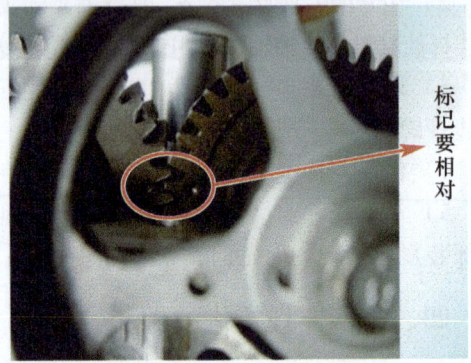

图 2-46 凸轮轴的安装标记

图 2-47 曲轴正时标记

9）装复发动机的机体外部零件。

检测评价

发动机曲柄连杆机构与机体组件的拆装考核与成绩评定（参考）见表 2-2。

项目二 汽车发动机的拆装

表 2-2 发动机曲柄连杆机构与机体组件的拆装考核与成绩评定(参考)

序号	考核内容	配分	评分标准	得分
1	正确使用工量具、仪器	10	工量具、仪器使用不当每次扣5分	
2	凸轮轴轴承的拆卸	10	拆卸方法不正确每次扣5分	
3	气缸盖螺栓的拆卸	10	拆卸方法不正确扣5分,不作标记、摆放不按顺序扣5分	
4	曲轴飞轮组件拆装	10	拆卸方法不正确每次扣5分	
5	活塞的拆卸	10	拆卸方法不正确每次扣3分	
6	活塞环的拆卸	10	拆卸方法不正确每次扣5分	
7	连杆轴承的拆装	10	拆卸方法不正确每次扣5分	
8	活塞的装配	15	装配方法不正确每次扣5分	
9	活塞环的装配	15	装配方法不正确每次扣5分	
10	操作现场整洁,安全用电,防火,无人身、设备事故		因操作不当发生重大事故,此次实训按0分计	
	分数总计	100		

任务三　配气机构的拆装

任务目标

1)明确发动机配气机构拆装工艺流程的重要性。
2)根据《维修手册》,与同学协作规范地拆装配气机构。

任务准备

1)一台大众汽车发动机。
2)汽车发动机常用拆装工具1套,专用拆装工具1套。
3)清洗机1台。
4)零部件存放台、盆各1个。
5)机油壶、机油和棉纱等。

任务实施

一、配气机构的拆卸

图 2-48 所示为配气机构的组成。

1. 凸轮轴的拆卸

1)将发动机放在旋转台架上。
2)各缸高压线,拆卸气缸盖罩。

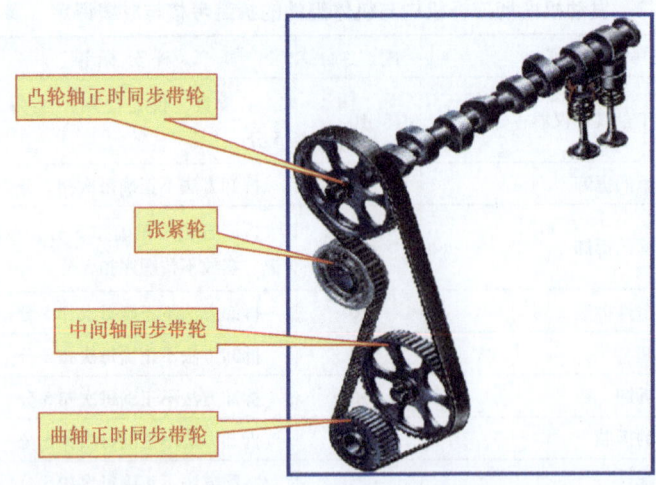

图2-48　配气机构的组成

3）拆卸正时同步带防护罩。

4）转动曲轴使凸轮轴正时同步带轮位于第一缸上止点标记。凸轮轴正时同步带轮上的标记必须对准，如图2-49所示。

5）转动曲轴到1缸上止点标记，如图2-49所示。

6）松开半自动张紧轮，从凸轮轴正时同步带轮上拆下正时同步带，如图2-50所示。

图2-49　1缸上止点位置正时同步带轮标记

图2-50　松开半自动张紧轮

7）拆下凸轮轴正时同步带轮。

8）从凸轮轴上取下半圆键。

9）先拆下排气凸轮轴1、3、5号轴承盖，然后对角交替松开2、4号轴承盖，再用相同的方法拆下进气凸轮轴的轴承盖，如图2-51所示。

10）取下凸轮轴。

2. 拆下液力挺柱

按照拆卸配气机构的顺序拆下液力挺柱，将其顺序放置，不可互换，且使工作面向下。

3. 拆下气门组件

1）用气门弹簧拆卸钳压紧气门弹簧，如图2-52所示。

2）取出气门锁片。

3）移开气门弹簧拆卸钳，取下气门弹簧座和气门弹簧。

4）取出气门，并做好标记，按顺序排好。

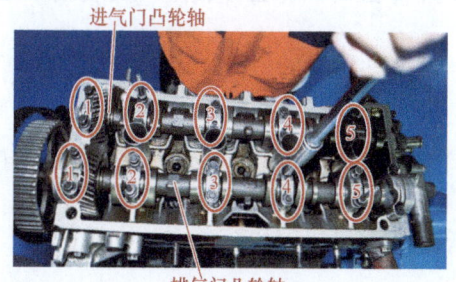

图 2-51　拆下凸轮轴承盖

图 2-52　拆卸气门组件

4. 气门杆密封圈的拆卸

1）安装好装配工具 2036，并将装配工具的位置调整到与气门罩盖密封边缘对齐，旋紧装配工具。

2）将装配工具的轴设定到与轴承盖螺栓平齐的位置。

3）旋入压力管 VW 653/3 到火花塞螺孔中，并施加一定的压力（最小为 0.6 MPa）。

4）使用专用工具 VW 541/1A 以及 VW 541/5 拆下气门弹簧。如果气门锁夹很紧，则用锤子轻敲装配工具的手柄，使其松动。

5）使用专用工具 3047A 拆下气门杆密封圈，如图 2-52 所示。

5. 拆卸气门导管

1）清洁气缸盖，并检查确定哪些气门座已不能再修复，当气缸盖已经被修复到最小尺寸时，不适于更换气缸盖上的气门座。

2）用专用工具压出磨损的气门座。对不带轴肩的气门导管从燃烧室端压出，对带轴肩的气门导管从燃烧室顶部压出。

二、配气机构的安装

1. 安装气门导管

将气门导管涂上机油后，从凸轮轴端压入冷的气缸盖。安装带轴肩的气门导管，压力不应大于 9.8kPa，否则轴肩易断裂。

2. 安装气门杆密封圈

在气门杆上套上塑料套，以免损坏新的气门密封圈。将润滑后的气门杆密封圈套入压力工具 3129，然后小心地将气门杆密封圈压入到气门导管中。

3. 安装气门

按照与拆卸相反的顺序安装气门，但应注意以下事项：

1）在安装气门之前，更换气门油封需要在气门杆部涂上一层机油。

2）安装气门时，要注意气门的记号，各缸的气门不可互换。

3）按顺序装回气门、气门弹簧、气门弹簧座。

4）用气门弹簧拆卸钳压紧气门弹簧，装上气门锁片。

4. 液力挺柱的安装

液力挺柱必须整套更换，不能进行调整或维修。

5. 凸轮轴的安装

安装凸轮轴前应更换凸轮轴油封。安装凸轮轴时，1 缸的凸轮必须朝上，安装轴承盖时要保证孔的上、下部分对准。

1）润滑凸轮轴轴承表面。

2）按照凸轮轴上的正时记号对号正时。

3）交替对角拧紧 2、4 号排气凸轮轴轴承盖螺栓，拧紧力矩为 20N·m。然后用同样的方法拧紧 5、1、3 号轴承盖螺栓，拧紧力矩为 20N·m。

4）用与 3）相同的方法安装好进气凸轮轴轴承盖螺栓。

5）安装好正时带，并拧紧张紧轮。

6）安装正时齿轮罩。

7）安装气门室罩盖。安装好凸轮轴后，发动机在 30min 之内不得起动，以便液力挺柱的补偿元件进入状态，否则气门将敲击活塞。

检测评价

发动机配气机构的拆装考核与成绩评定（参考）见表 2-3。

表 2-3 发动机配气机构的拆装考核与成绩评定（参考）

序 号	考核内容	配 分	评分标准	得 分
1	正确使用工量具、仪器	10	工量具、仪器使用不当每次扣 5 分	
2	凸轮轴正时同步带的拆卸	10	拆卸方法不正确每次扣 5 分	
3	凸轮轴正时齿轮的拆卸	10	拆卸方法不正确扣 5 分，不作标记、摆放不按顺序扣 5 分	
4	凸轮轴轴承盖的拆装	10	拆卸方法不正确每次扣 5 分	
5	液力挺柱的拆卸	10	拆卸方法不正确每次扣 3 分	
6	气门组的拆卸	10	拆卸方法不正确每次扣 5 分	
7	气门组的安装	10	安装方法不正确每次扣 5 分	
8	凸轮轴的安装	15	安装方法不正确每次扣 5 分	
9	凸轮轴正时齿轮及正时同步带的安装	15	安装方法不正确每次扣 5 分	
10	操作现场整洁，安全用电，防火，无人身、设备事故		因操作不当发生重大事故，此次实训按 0 分计	
	分数总计	100		

任务四　冷却系统的拆装

任务目标

1）掌握汽车发动机冷却系统主要零部件的拆装，进一步加深对冷却强度调节装置结构及工作原理的理解。

2）能对发动机温度异常现象作出故障原因的判断。

项目二 汽车发动机的拆装

任务准备

1）汽车发动机 1 台。
2）发动机拆装架 1 台。
3）汽车发动机常用拆装工具 1 套,专用拆装工具 1 套,鲤鱼钳。
4）紧固夹具或台虎钳。
5）清洗机 1 台。
6）零部件存放台。
7）冷却液、清洗剂、棉纱和防护手套等。
8）冷却系统拆装实训录像及相关的教学挂图等。
9）实训操作台 5 台。
10）每 5~6 人一组,由实验老师指导,学生自己动手拆装。

任务实施

1. 准备工作

1）进入工位前,参训学生将工位卫生清理干净,排除障碍物,准备好相关的工具、物品。
2）熟悉发动机冷却系统的组成及各主要零部件的安装位置。

2. 散热器的拆装

（1）散热器的拆卸

1）排出冷却系统内的冷却液,并注意收集,如图 2-53 所示。
2）拔下电动机的电源插头和风扇罩壳上的热敏开关插头。
3）用鲤鱼钳松开冷却液管上的卡箍,拔下散热器的冷却液软管,如图 2-54 所示。

图 2-53 排出冷却液示意图

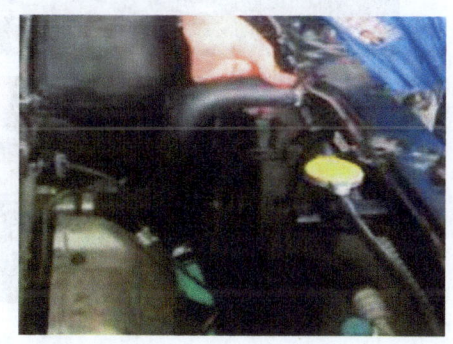

图 2-54 拆卸冷却液管

4）依次拆卸膨胀水箱、导风罩和散热器安装支架,如图 2-55 所示。
5）拆下散热器,如图 2-56 所示。

汽车拆装实训

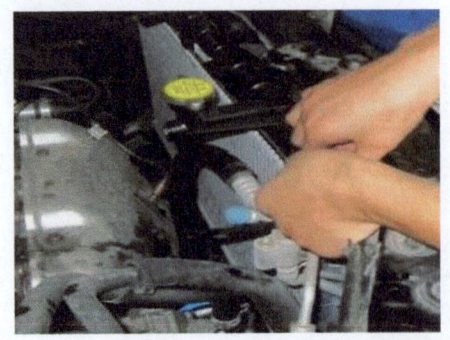

图 2-55　拆卸支架

图 2-56　拆卸散热器示意图

（2）散热器的安装　按照拆卸的相反顺序进行，最后加注冷却液，并保证冷却系统无泄漏。

3. 节温器的拆装

（1）节温器的拆卸

1）在点火开关切断的情况下，拔下蓄电池搭铁线。

2）排出冷却系统内的冷却液，并注意收集。

3）拆卸 V 带，拆卸发电机。

4）拆下与节温器盖连接的软管。

5）拆下节温器盖安装螺栓，取下节温器盖和节温器，如图 2-57 所示。

图 2-57　拆卸节温器示意图

（2）节温器的安装

1）清洁 O 形圈的密封表面。

2）安装节温器，节温器的感温部分必须在气缸体内。

3）用冷却液浸湿新的 O 形圈。

4）拧紧螺栓，安装发电机。

5）加注冷却液，并保证冷却系统无泄漏。

4. 水泵的拆装

（1）水泵的拆卸

1）排出冷却系统内的冷却液，并注意收集。

2）拆下散热器进、出水软管及旁通软管，卸下 V 带，松开水泵的固定螺栓，拆下水泵总成，如图 2-58 所示。

图 2-58　水泵总成拆卸示意图

3）将水泵壳体夹紧固定在夹具中或台虎钳上。

4）松开 V 带轮紧固螺栓，拆下 V 带轮。

5）分批拧松水泵壳体紧固螺栓，分解前盖与泵壳。

6）用专用顶拔器拆下水泵轴凸缘。再用顶拔器仔细拆下水泵叶轮，防止损坏叶轮，如图 2-59 所示。

图 2-59　水泵分解示意图

7）将水泵加热到 75～85℃，然后用水泵轴承的拆装器压出水泵轴与轴承，压出水封和油封。

8）换位夹紧，拆下进水管接头的紧固螺栓，取下该管。

9）拆下密封圈和节温器。

10）将拆卸的零件放入清洗剂中清洗。

（2）水泵的安装 在安装时，按照拆卸相反的顺序组装水泵，注意先用冷却液润湿水泵密封圈。压入水泵叶轮时，注意防止损坏叶轮，叶轮与壳体的间隙一般为 1mm。

检测评价

发动机冷却系统拆装考核与成绩评定（参考）见表2-4。

表2-4 发动机冷却系统拆装考核与成绩评定（参考）

序 号	考核内容	配 分	评分标准	得 分
1	正确使用工量具、仪器	10	工量具、仪器使用不当每次扣5分	
2	散热器的拆卸	15	拆卸方法不正确每次扣5分	
3	散热器的安装	10	安装方法不正确扣5分	
4	节温器的拆卸	15	拆卸方法不正确每次扣5分	
5	节温器的安装	10	安装方法不正确每次扣3分	
6	水泵的拆卸	20	拆卸方法不正确每次扣5分	
7	水泵的安装	20	安装方法不正确每次扣5分	
8	操作现场整洁，安全用电，防火，无人身、设备事故		因操作不当发生重大事故，此次实训按0分计	
	分数总计	100		

任务五　润滑系统的拆装

任务目标

1）掌握汽车发动机润滑系统主要零部件的拆装。

2）进一步加深对机油泵和机油滤清器结构及工作原理的理解。

任务准备

1）常用工具：冲头、扁锉、各种扳手、钳子、螺钉旋具和锤子等。

2）汽车发动机常用拆装工具1套，专用拆装工具1套。

3）专用工具及设备：检验平板、钢制通条（一端固定有新布条）、V形架、机油泵试验台。

4）教具：汽车发动机1台，机油泵总成及机油细滤器总成。

5）清洗机一台。

6）每5~6人一组，由实验老师指导，学生自己动手拆装。

任务实施

1. 准备工作

1）进入工位前，参训学生将工位卫生清理干净，排除障碍物，准备好相关的工具、物品。

2）熟悉发动机润滑系统的组成及各主要零部件安装位置。观察机油泵、机油滤清器、机油散热器、限压阀和旁通阀等安装位置及相互间的连接关系。

2. 机油泵的拆装

（1）机油泵的拆卸

1）放净油底壳中的机油，如图2-60所示。

2）拆卸机油滤清器和油底壳，露出机油泵，如图2-61所示。

图2-60 放净油底壳中的机油

图2-61 拆卸机油滤清器和油底壳

3）拆下机油泵总成紧固螺栓，将总成一起拆卸下来，如图2-62所示。

4）清洗机油泵，倒净内部的机油，然后用碱水或汽油清洗外部的油垢，并做好分解前的准备工作。

5）将机油泵外部清洗之后拆下机油收集器的油管，分解并清洗滤网。

6）取下泵盖的固定螺钉，拆下泵盖，倒出剩余的机油，并取下松套在从动轴上的从动齿轮（注意泵盖下的垫片不要弄破或丢失），如图2-63所示。

7）拆卸主动齿轮轴时，必须先取掉联轴器上的铆钉，取时用锉刀锉去铆钉后将铆钉冲出，也可直接敲击轴端将铆钉剪断。取下联轴器后，主

图2-62 拆下机油泵总成

图 2-63　拆卸机油泵紧固螺钉示意图

动齿轮轴连同主动齿轮可一起从齿轮室侧抽出。注意联轴器套出的垫片不可丢失。必要时，从主动轴上压出主动齿轮，从泵壳上压出从动轴，如图 2-64 所示。

图 2-64　拆卸主、从动齿轮并清洗

8）用钩子将机油泵限压阀闷头拆下，取出弹簧，用压缩空气吹出限压阀，如图 2-65 所示。

图 2-65　取出限压阀示意图

（2）机油泵的安装
1）将限压阀装到下体上。
2）将主、从动齿轮以及主、从动齿轮轴装到中体上，并在主、从动齿轮之间涂上凡士林。
3）其余部件按照与拆卸的相反顺序装复。
4）机油泵装复后，用手转动机油泵齿轮应该转动自如，无卡阻现象，如图 2-66 所示。

3. 机油滤清器的拆装

（1）机油滤清器的拆卸

1）趁热放出发动机机油。

2）用专用工具拆卸机油滤清器，如图 2-67 所示。

图 2-66　机油泵装复示意图

图 2-67　用专用工具拆卸机油滤清器

（2）机油滤清器的安装

1）安装新滤清器时，应在密封圈上涂上干净的机油。若不涂机油，则安装时密封圈与接合面发生干摩擦，密封圈易翘曲和损坏，造成密封不良而漏油。

2）用手轻轻拧紧旧滤清器，直到感觉有阻力为止，再用专用工具重新拧紧机油滤清器 3/4 圈。

检测评价

发动机润滑系统的拆装考核与成绩评定（参考）见表 2-5。

表 2-5　发动机润滑系统的拆装考核与成绩评定（参考）

序　号	考核内容	配　分	评分标准	得　分
1	正确使用工量具、仪器	10	工量具、仪器使用不当每次扣 5 分	
2	机油泵的拆卸	25	拆卸方法不正确每次扣 5 分	
3	机油泵的安装	20	安装方法不正确扣 5 分	
4	机油滤清器的拆卸	25	拆卸方法不正确每次扣 5 分	
5	机油滤清器的安装	20	安装方法不正确每次扣 3 分	
6	操作现场整洁，安全用电，防火，无人身、设备事故		因操作不当发生重大事故，此次实训按 0 分计	
分数总计		100		

任务六　起动系统的拆装

任务目标

1）明确起动系统的组成及更换的工艺流程，会对起动机性能进行检验。
2）根据《维修手册》，与同学协作规范地更换起动机总成。
3）在拆装起动系统时会分析起动电路，掌握正确的拆装顺序。

任务准备

1）一辆大众汽车。
2）汽车常用拆装工具1套，专用拆装工具1套。
3）汽车电器万能试验台、起动机、数字万用表、蓄电池、游标卡尺、V形架、百分表、导线若干、常用拆装工具。

任务实施

1. 起动机在实车上的拆装

1）断开蓄电池负极，举升并固定汽车，让前轮悬空。
2）关闭点火开关，拆下蓄电池负极线。
3）举升车辆至适当高度。
4）从起动机上拆下起动机电源线及控制线。
5）拆下起动机支架固定螺栓，从气缸体上拆下支架。
6）拆下起动机与变速器壳的连接螺栓，取下起动机。

2. 起动机在实车上的安装顺序

1）举升车辆至适当的高度。
2）装上起动机，以20N·m的力矩拧紧起动机与变速器壳的连接螺栓。
3）装上起动机支架，拧紧支架固定螺栓和螺母。
4）装上黑色起动机电源线和红黑色控制线。
5）装上蓄电池负极线。

3. 起动机的拆装

（1）起动机的拆卸

1）拆下电磁开关至直流电动机之间导线的固定螺母，取下导线接头，如图2-68所示。
2）拆下电磁开关的两个固定螺栓，并使铁心与拨叉分离，取下电磁开关，如图2-69所示。

注意：在取出电磁开关总成时，应将其头部向上抬，使柱塞铁心端头的扁方与拨叉脱开后取出。

项目二　汽车发动机的拆装

图2-68　拆下导线的固定螺母

图2-69　拆下电磁开关

3）拆下前端盖上的轴承盖固定螺栓，取下轴承盖。

4）拆下起动机的两个穿心螺栓，取下前端盖，如图2-70所示。

5）用尖嘴钳抬起电刷弹簧，从电刷架和转子轴上取下电刷，如图2-71所示。

6）取下外壳，从后端盖内取下拨叉、转子和离合器。

7）从转子轴上取下止推垫圈，撬出卡簧，如图2-72所示，取下垫圈和离合器。

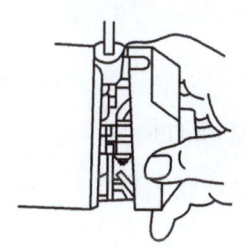

图2-70　取下前端盖

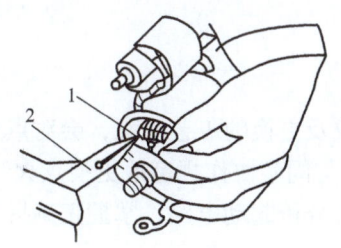

图2-71　取下电刷
1—电刷弹簧　2—尖嘴钳

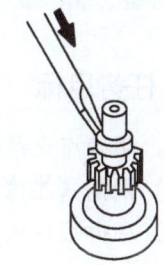

图2-72　撬出卡簧

（2）起动机的组装

1）将离合器套在转子轴上，装上止推垫圈、卡簧和垫圈。

2）将转子和离合器插入后端盖内，装上拨叉，套上机体。

3）将电刷架装在转子轴上，装上电刷。

4）装上前端盖，装上起动机的两个穿心螺栓。

5）装上前端盖上的轴承盖，拧紧轴承盖螺栓。

6）装上电磁开关，并使铁心与拨叉结合，装上电磁开关的两个固定螺栓。

7）装上导线接头，拧紧电磁开关至直流电动机之间的导线的固定螺母。

检测评价

起动系统的拆装考核与成绩评定（参考）见表2-6。

表 2-6 起动系统的拆装考核与成绩评定（参考）

序号	考核内容	配分	评分标准	得分
1	正确使用工量具、仪器	10	工量具、仪器使用不当每次扣5分	
2	起动机实车拆卸	25	拆卸方法不正确每次扣5分	
3	起动机实车安装	20	安装方法不正确扣5分，不作标记、摆放不按顺序扣5分	
4	起动机的拆卸	20	拆卸方法不正确每次扣5分	
5	起动机的安装	15	安装方法不正确每次扣5分	
6	操作现场整洁、安全用电、防火，无人身、设备事故	10	因操作不当发生重大事故，此次实训按0分计	
	分数总计	100		

任务七　点火系统的拆装

任务目标

1）明确点火系统的组成及更换的工艺流程，会对点火系统性能进行检验。
2）根据《维修手册》，与同学协作规范地更换点火组成部件。
3）在拆装点火系统时会分析起动电路，掌握正确拆装顺序。

任务准备

1）一辆大众汽车。
2）发动机拆装千斤顶1台，举升机工位1位。
3）汽车发动机常用拆装工具1套，专用拆装工具1套。
4）清洗机1台。
5）零部件存放台、盆各1个。
6）机油壶、机油和棉纱等。

任务实施

1. 单缸独立点火系统的拆卸

1）固定汽车，断开蓄电池负极，如图2-73中电池的"－"接线柱。
2）拆下点火开关。
3）拆下发动机ECU的连接线及点火线圈（图2-74）。

图 2-73　断开蓄电池负极

图 2-74　拆下点火线圈

4）拆卸点火系统的高压线，如图 2-75 所示。

5）用火花塞套筒取下火花塞，如图 2-76 所示。

图 2-75　拆下高压线

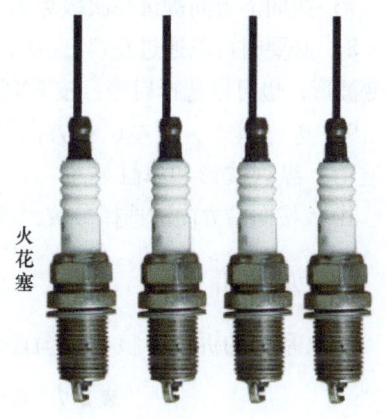

图 2-76　拆下火花塞

2. 单缸独立点火系统的安装

1）安装火花塞。

2）安装带点火线圈的高压线。

3）安装发动机 ECU 的连接线。

4）安装点火开关。

5）连接蓄电池负极。

3. 单缸独立点火系统的检测

用示波器来检测点火系统波形如下：

（1）传统点火　在包装箱中找出 1 缸信号夹和一个容性感应夹，1 缸信号夹一端接示波器的 CH3 端口，信号夹夹住发动机 1 缸的高压线，查看信号夹上标有"此面朝向火花塞"，注意不要夹反；容性感应夹一端接 CH1 端口，然后用其中的一个夹子夹住高压总线。

（2）双缸点火　在包装箱中找出 1 缸信号夹和两个容性感应夹，1 缸信号夹一端接示波器的 CH3 端口，信号夹夹住发动机 1 缸的高压线，查看信号夹上有"此面朝向火花塞"，注意不要夹反；查看点火线圈的极性，若一侧为正，则另一侧为负，相同侧的极性相同，共用同一个容性感应夹。

4. 测试条件

起动发动机，在不同负荷及速度下测试检验元件的性能，火花塞、点火连线头及其他次级电路的元件可能在高负荷时功能不正常，在负荷状态下进行这些测试（在功率试验机上或路试）以精确地确定系统上的故障位置。

5. 测试步骤

1）按照要求连接好设备，打开示波器电源开关。

2）在示波器主菜单下按上下方向键选择『2』示波器，按 ENTER 键确认。

3）在汽车专用示波器菜单下选择点火系统，按 ENTER 键进入点火系统选择菜单。

4）选择次级点火，按 ENTER 键确认。

5）选择发动机参数设定，按 ENTER 键确认。

6）根据被测试发动机可以更改参数，按上、下方向键选择需要更改的项目，按左、右方向键可以更改参数，更改完毕后，按 EXIT 键返回上级菜单。

7）按向下方向键选择次级点火测试，按 ENTER 键确认，按照测试条件屏幕显示波形图。

8）必要时可以通过左、右方向键选择模式、周期参数和幅值等参数，然后按上、下方向键改变波形，也可以选择启停，按 ENTER 键冻结波形后，选择存储，保存波形供以后修车参考。

9）选择模式，按左、右方向键可以更改次级点火波形图的显示模式，如三维波形、并列波形、纵列波形和单缸显示。

10）按向右方向键选择参数，按 ENTER 键确认，可以返回发动机参数设定界面，重新更改。

检测评价

点火系统的拆装考核与成绩评定（参考）见表 2-7。

表 2-7　点火系统的拆装考核与成绩评定（参考）

序　号	考核内容	配　分	评分标准	得　分
1	正确使用工量具、仪器	10	工量具、仪器使用不当每次扣 5 分	
2	蓄电池的拆卸	10	拆卸方法不正确每次扣 5 分	
3	点火开关的拆卸	10	拆卸方法不正确扣 5 分，不作标记、摆放不按顺序扣 5 分	
4	点火线圈及高压线的拆卸	10	拆卸方法不正确每次扣 5 分	
5	火花塞的拆卸	10	拆卸方法不正确每次扣 3 分	
6	火花塞的安装	10	安装方法不正确每次扣 5 分	
7	点火线圈及高压线的安装	10	安装方法不正确每次扣 5 分	
8	点火开关的安装	10	安装方法不正确每次扣 5 分	
9	蓄电池的连线	10	连线方法不正确每次扣 5 分	
10	操作现场整洁，安全用电，防火，无人身、设备事故	10	因操作不当发生重大事故，此次实训按 0 分计	
	分数总计	100		

项目二 汽车发动机的拆装

任务八　燃油供给系统的拆装

任务目标

1）掌握汽车发动机燃油系统主要零部件的拆装。
2）掌握燃油供给系统和空气供给系统的结构与工作原理。

任务准备

1）常用工具：冲头、扁锉、各种扳手、钳子、螺钉旋具和锤子等。
2）汽车发动机常用拆装工具1套，专用拆装工具1套。
3）教具：汽车发动机1台，汽油泵总成及汽油滤清器。
4）清洗机1台。
5）每5～6人一组，由实验老师指导，学生自己动手拆装。

任务实施

1. 准备工作

1）进入工位前，参训学生将工位卫生清理干净，排除障碍物，准备好相关的工具、物品。
2）熟悉发动机电控燃油喷射系统各子系统的组成及各主要零部件的安装位置。观察空气供给系统和燃油供给系统的供给路线。

2. 空气滤清器的拆装

（1）空气滤清器的拆卸

1）确保发动机处于停止状态。
2）松开空气滤清器的固定螺栓，如图2-77所示。
3）取出空气滤清器，如图2-78所示。

图2-77　松开空气滤清器的固定螺栓　　　图2-78　取出空气滤清器

（2）空气滤清器的安装

1）装入新空气滤清器，注意不要使油、水和灰尘等污染新空气滤清器。
2）紧固空气滤清器接口的固定螺栓。
3）所有人员与发动机保持安全距离，起动发动机。发动机空载运行10min，检查发动机工作状态是否正常。

3. 节气门、进气歧管的拆装

（1）节气门、进气歧管的拆卸

1）按以下步骤释放燃油系统的压力：起动发动机；拔开燃油泵继电器导线插接器；当发动机熄火以后，将点火开关转至"OFF"位置；拆下蓄电池搭铁线；连接燃油泵继电器导线插接器。

2）放出发动机冷却液。

3）拆下进气歧管支架的固定螺栓，取下支架。

4）从节气门体上拆下进气管，如图2-79所示。

5）拆下有关的真空管并作上标记，拆下冷却水管，如图2-80所示。

图2-79 拆下进气管

图2-80 拆下节气门上连接的冷却水管

6）拔开节气门位置传感器（TPS）及怠速开关导线插接器，如图2-81所示。

7）拆下节气门体，如图2-82所示。

图2-81 断开传感器接头

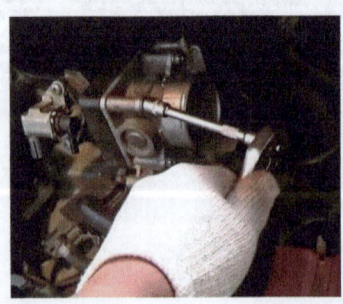 
图2-82 拆下节气门体

8）拆下进气歧管固定螺栓和螺母，如图 2-83 所示。

9）将进气歧管与气缸盖分离，从车上拆下进气歧管，如图 2-84 所示。

图 2-83　拆下进气歧管固定螺栓和螺母

图 2-84　拆下进气歧管

（2）节气门体及进气歧管的安装　按照与拆卸的相反顺序进行安装，注意更换气缸垫，并对节气门体和进气歧管进行清洁。

4. 电动燃油泵的拆装

（1）电动燃油泵的拆卸

1）将蓄电池搭铁断开，释放燃油系统的油压。

2）大多数汽油泵位于后排座的下面，掀起座椅椅面，打开看到的塑料盖，可以看见汽油泵的上盖，如图 2-85 所示。

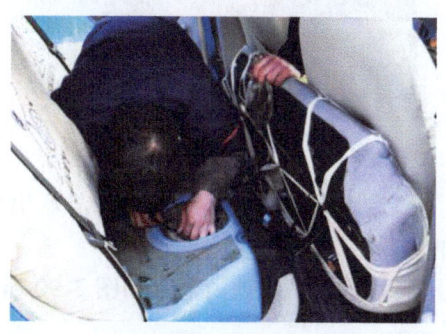

图 2-85　掀开后排座椅，找到汽油泵上盖

3）松开汽油泵上端进、回油管的卡箍，断开电源插头，如图 2-86 所示。

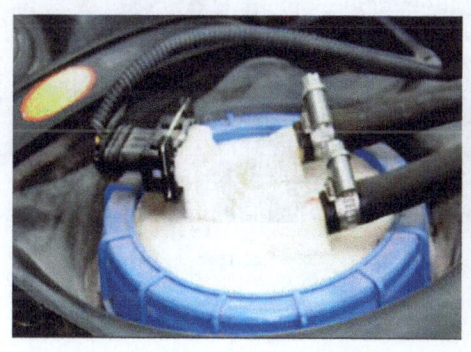

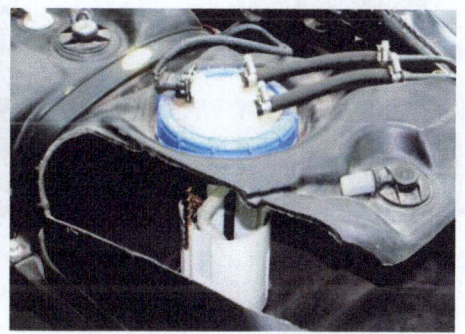

图 2-86　松开汽油泵上端进、回油管的卡箍

4）取下电动燃油泵，如图 2-87 所示。

（2）电动燃油泵的安装

1）按照与拆卸相反的顺序装好电动汽油泵总成。

2）将电动汽油泵托架总成装入燃油箱（注意装好密封垫圈），拧紧固定螺钉。

3）连接好出油管、回油管和线束插头。

4）重新连接蓄电池搭铁。

5）检查是否泄漏，接通点火开关 2s 后关闭，检查是否泄漏。

5. 汽油滤清器的拆装

（1）汽油滤清器的拆卸

1）燃油系统泄压。

2）举升车辆到合适的高度，如图 2-88 所示。

图 2-87　电动燃油泵示意图

图 2-88　举升车辆到合适的高度

3）用十字螺钉旋具松开滤清器出口一头的管路，把燃油管路的燃油放入接油容器中，如图 2-89 所示。

4）拆下汽油滤清器，如图 2-90 所示。

图 2-89　滤清器管路示意图

图 2-90　拆下汽油滤清器

（2）汽油滤清器的安装

1）把新滤清器的进口端接到燃油泵出油管，锁紧管路。安装时注意汽油滤清器的方向，汽油滤清器上箭头的方向由燃油箱流向发动机。

2）检查管路安装牢靠后，把滤清器放回原来的位置并固定好。锁紧管路，固定到位。

3）降下车辆。

4）装回燃油泵熔丝。

5）检查燃油管路有无渗漏。

项目二　汽车发动机的拆装

检测评价

发动机润滑系统的拆装考核与成绩评定（参考）见表2-8。

表2-8　发动机润滑系统的拆装考核与成绩评定（参考）

序　号	考核内容	配　分	评分标准	得　分
1	正确使用工量具、仪器	10	工量具、仪器使用不当每次扣5分	
2	空气滤清器的拆卸	10	拆卸方法不正确每次扣5分	
3	空气滤清器的安装	10	安装方法不正确每次扣5分	
4	节气门的拆卸	10	拆卸方法不正确每次扣5分	
5	节气门的安装	5	安装方法不正确每次扣3分	
6	进气歧管的拆卸	10	拆卸方法不正确每次扣5分	
7	进气歧管的安装	5	安装方法不正确每次扣3分	
8	汽油泵的拆卸	10	拆卸方法不正确每次扣5分	
9	汽油泵的安装	5	安装方法不正确每次扣3分	
10	汽油滤清器的拆卸	10	拆卸方法不正确每次扣5分	
11	汽油滤清器的安装	10	安装方法不正确每次扣3分	
12	操作现场整洁，安全用电，防火，无人身、设备事故		因操作不当发生重大事故，此次实训按0分计	
	分数总计	100		

项目三 汽车底盘总成的拆装

项目描述

底盘的作用是支撑和安装汽车发动机及其各部件、总成，形成汽车的整体造型，并接受发动机的动力，使汽车产生运动，保证正常行驶。底盘由传动系统、行驶系统、转向系统和制动系统四部分组成。本项目将针对汽车底盘四大组成部分进行拆装，需要重点掌握汽车底盘各个部分的名称、结构、工作原理以及拆装注意事项。

任务一　传动系统的拆装

任务目标

1）学会汽车传动系统的正确拆装方法，进一步掌握离合器、手动变速器、自动变速器、传动轴、半轴、万向传动装置、主减速器、差速器以及分动器的结构和工作原理。

2）培养学生在任务实施过程中的团队协作精神。

任务准备

1）周布弹簧式离合器总成1套、6速手动变速器1台、5速手动变速器1台，自动变速器2台（分别为A341E和01M）、传动轴总成1根、半轴总成1根、万向传动装置1套、主减速器和差速器总成1套、分动器总成1个。

2）拆装工作台1个，翻转台架一个。

3）汽车常用拆装工具1套，专用拆装工具1套。

4）检测仪器：偏摆仪1台，150mm游标卡尺1把，百分表及其表座1套，钢直尺1把，塞尺1把。

5）零部件存放台1个。

6）润滑脂、棉纱若干。

7）汽车传动系统拆装实训录像及挂图等。

8）每 5~6 人一组，由实验老师指导，学生自己动手拆装汽车底盘传动系统的零部件。

任务实施

1. 周布弹簧式离合器的拆装

（1）拆装前的准备工作　在拆卸周布弹簧式离合器时，应首先将发动机上的手动变速器拆下，并从变速器第一轴上取下离合器的分离轴承座总成，如图 3-1 所示。拆装周布弹簧式离合器总成时，应当在拆装工作台上进行。

（2）拆卸

1）从飞轮上拆下离合器盖与飞轮的连接螺钉，取下离合器盖和压盘总成以及离合器从动盘。

2）使用离合器拆装工具，如图 3-2 所示，将离合器盖和压盘总成放置在离合器拆装工具上。

图 3-1　拆下分离轴承示意图

图 3-2　离合器拆装工具

3）旋紧离合器拆装工具上的压紧螺母，压缩离合器压紧弹簧，如图 3-3 所示。

4）拆除分离杠杆调整螺钉上的锁紧螺母和调整螺母。

5）拆除连接钢片和压盘的连接螺栓。

6）缓慢旋松离合器拆装工具上的压紧螺母，如图 3-4 所示。

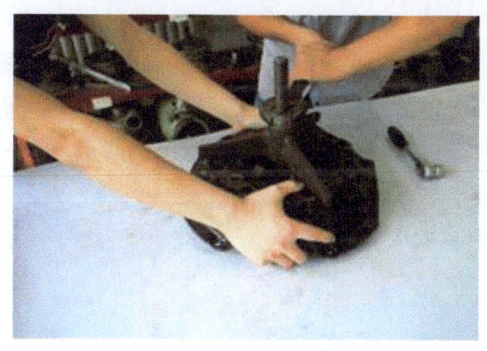

图 3-3　旋紧离合器拆装工具

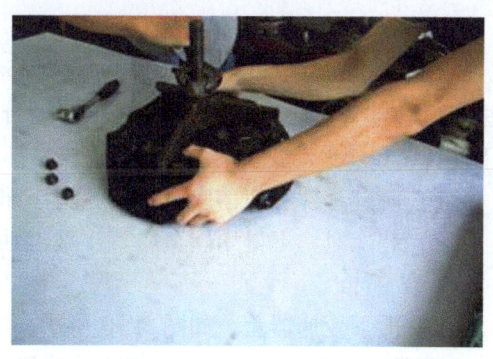

图 3-4　旋松离合器拆装工具上的压紧螺母

7）放松离合器弹簧，分解离合器盖和压盘总成，如图3-5所示。

8）取出压紧弹簧，如图3-6所示。

图3-5 分解离合器盖和压盘总成

图3-6 取出压紧弹簧

9）取出分离杠杆、销钉和分离杠杆弹簧，如图3-7所示。

（3）安装

1）将销钉、分离杠杆等零件装在离合器压盘上，如图3-8所示。

图3-7 取出分离杠杆、销钉和分离杠杆弹簧

图3-8 安装销钉、分离杠杆等零件

2）将分离杠杆弹簧安装在离合器盖上，装配压盘总成和离合器盖总成以及压紧弹簧，如图3-9所示。

3）缓慢旋紧离合器拆装工具，压缩离合器压紧弹簧，安装锁紧螺母、调整螺母以及连接钢片和压盘的连接螺栓。

4）将离合器总成和从动盘总成装在飞轮上，并用螺钉紧固。

2. 6速手动变速器的拆装

（1）拆装前的准备工作　首先旋出放油螺塞，放净变速器内的润滑油，拆卸传动轴，拆去变速器与离合器壳的紧固螺栓，变速器带离合器分离轴承座以及驻车制动器总成后，即可拆下。拆装6速手动变速器总成时，应当在拆装工作台上进行。拆装时，应注意以下两点：

1）所有零件必须彻底清洗，并用压缩空气吹干。

2）装配时，不得用硬金属直接敲击轴承和其他重要配合零件。

（2）拆卸

1）拆下变速器盖，如图3-10所示。

用固定扳手将变速器盖固定螺栓旋松后拧出，取下变速器盖。

2）拆下变速器一轴。

图 3-9　装配离合器压盘总成和离合器盖总成

图 3-10　拆下变速器盖

① 将一轴轴承盖上螺栓旋下，取出轴承盖，将一轴连同轴承从壳体上取下。

② 取出轴承内定位卡环，用轴承顶拔器取下一轴后轴承，取下轴承外卡环。

3）拆下变速器二轴

① 旋出二轴后轴承盖固定螺栓，拆下轴承盖。

② 用手抬起二轴前端，取出五档、六档锁环式惯性同步器的锁环。

③ 向后推动二轴，使后轴承从壳体中退出。

④ 旋下二轴后端凸缘盘的紧固螺母，用轴承顶拔器拉下里程表传动齿轮和后轴承，取下轴承卡环。

⑤ 抬起二轴前端，然后从变速器壳体中抽出。

4）拆下倒档轴。旋下变速器后端面倒档轴锁片紧固螺栓，取下锁片。用锤子垫铜棒锤击倒档轴前端，用手不断转动倒档轴并从壳体后端抽出。从变速器内取出倒档齿轮。

5）拆下中间轴。

① 旋下中间轴前、后轴承盖的固定螺栓，拆下前、后轴承盖。

② 剥开中间轴后端紧固螺母的锁片，旋下紧固螺母。

③ 将中间轴后移，使后轴承从座孔中退出。用轴承顶拔器拉下后轴承，取下轴承卡环。

④ 向上抬起中间轴前端，将中间轴从变速器壳中取出。用轴承顶拔器从壳体上拔出中间轴前轴承，如图 3-11 所示。

6）二轴的拆卸。

① 从二轴后端拆下倒档齿轮及其轴承，如图 3-12 所示。

图 3-11　拆下倒档轴及中间轴

图 3-12　拆下倒档齿轮及其轴承

② 拆下倒档齿轮接合套以及二轴上的倒档花键毂，如图 3-13 所示。

③ 从二轴后端拆下一档齿轮及其滚针轴承，如图 3-14 所示。

图 3-13　拆下倒档齿轮接合套及花键毂

图 3-14　拆下一档齿轮及其滚针轴承

④ 拆下一档、二档锁销式同步器，如图 3-15 所示。

⑤ 从二轴前端开始，拆下五档、六档锁环式惯性同步器，注意不要丢失弹簧垫圈、滑块、弹簧以及定位销，如图 3-16 所示。

图 3-15　拆下一档、二档锁销式同步器

图 3-16　拆下五档、六档锁环式惯性同步器

⑥ 拆下五档齿轮及其滚针轴承，如图 3-17 所示。

⑦ 拆下四档齿轮及其滚针轴承，如图 3-18 所示。

图 3-17　拆下五档齿轮及其滚针轴承

图 3-18　拆下四档齿轮及其滚针轴承

⑧ 拆下三档、四档齿轮锁环式惯性同步器，注意不要丢失弹簧垫圈、滑块、弹簧以及

定位销，如图 3-19 所示。

⑨ 拆下二档齿轮及其滚针轴承，如图 3-20 所示。

图 3-19　拆下三档、四档齿轮锁环式惯性同步器

图 3-20　拆下二档齿轮及其滚针轴承

⑩ 拆下一档齿轮及其轴承，如图 3-21 所示。

7）变速器盖的拆卸。

① 拆下变速杆固定支座的紧固螺栓，拆下支座。

② 将变速器盖前端的堵片从盖内向外击出。

③ 用手钳剪断变速叉与导块紧固螺钉的锁线，拆下锁线，旋松紧固螺钉。

④ 将 4 根变速叉轴依次从变速器盖前端推出，拆卸时要防止自锁钢球弹出丢失。

图 3-21　拆下一档齿轮及其轴承

⑤ 取出互锁钢球，然后取出各档拨叉和导块。

⑥ 旋下变速杆上端球状手柄。

⑦ 从变速杆固定座下端用螺钉旋具撬下定位弹簧，从支座下方抽出变速杆。

（3）安装

1）安装中间轴。

① 抬起中间轴前端，将中间轴装入从变速器壳中，安装中间轴前轴承。

② 安装中间轴前、后端盖。

2）安装倒档轴以及倒档齿轮。

3）装配第二轴。

① 安装一档齿轮及其轴承。

② 安装二档齿轮及其滚针轴承。

③ 安装三档、四档齿轮锁环式惯性同步器。

④ 拆下四档齿轮及其滚针轴承。

⑤ 安装五档齿轮及其滚针轴承。

⑥ 安装五档、六档锁环式惯性同步器。

⑦ 安装一档、二档锁销式同步器。

⑧ 安装一档齿轮及其滚针轴承。

⑨ 安装倒档齿轮接合套以及二轴上的倒档花键毂。

⑩ 安装倒档齿轮及其轴承。

4）将装配好的第二轴放入变速器壳体。

5）安装第一轴及其轴承。

6）安装变速器盖。

3. 5速手动变速器的拆装

（1）拆装前的准备工作　分解手动变速器时，应当先将手动变速器从车上拆下。首先旋出放油螺塞，放净变速器内的润滑油，拆卸传动轴，拆去变速器与离合器壳的紧固螺栓，变速器带离合器分离轴承座以及驻车制动器总成即可拆下。拆装5速手动变速器总成时，应当在拆装工作台上进行。拆装时，应注意以下两点：

1）所有零件必须彻底清洗，并用压缩空气吹干。

2）装配时，不得用硬金属直接敲击轴承和其他重要配合零件。

（2）拆卸

1）将变速器置于拆装台上，将档位置于空档状态。

2）取出离合器推力轴承，如图3-22所示。

3）取下放油螺塞，放出变速器油，如图3-23所示。

图3-22　取出离合器推力轴承

图3-23　取下放油螺塞

4）拆下选档、换档止动螺栓和倒档止动螺栓。

5）拆下换档机构，如图3-24所示。

6）拆下变速器后壳体，由于有密封胶，拆卸时可用木槌或铜棒敲击，如图3-25所示。

图3-24　拆下换档机构

图3-25　拆下变速器后壳体

7）分解变速器上、下壳体，如图 3-26 所示。

8）拔出输入轴和输出轴总成，如图 3-27 所示。

图 3-26　分解变速器上、下壳体

图 3-27　拔出输入轴和输出轴总成

9）分解变速器输出轴：将第一轴和第二轴分开，如图 3-28 所示。

10）拆下三档、四档花键毂卡环，如图 3-29 所示；取下花键毂和三档从动齿轮及同步器锁环，如图 3-30 所示。

图 3-28　分开第一轴和第二轴

图 3-29　拆下三档、四档花键毂卡环

11）用卡簧钳拆下卡环，取出车速里程表传动齿轮，如图 3-31 所示。

图 3-30　取下齿轮及锁环

图 3-31　用卡簧钳拆下卡环

12）用专用工具取下卡环，拉出后端支撑轴承，如图 3-32 所示。

13）取下五档从动齿轮卡环、后端轴承，取下五档从动齿轮及同步器，如图3-33所示。

图3-32 取下轴承

图3-33 取下齿轮及同步器

14）取下同步器卡环，拆下五档、倒档同步器，如图3-34所示。

15）拆卸倒档从动齿轮，如图3-35所示。

图3-34 拆下五档、倒档同步器

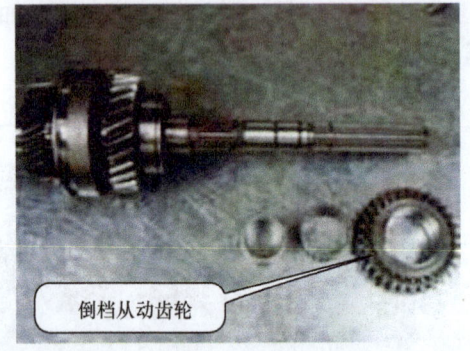

图3-35 拆卸倒档从动齿轮

16）用专用工具拆卸中间支撑轴承，如图3-36所示。

17）分别拆卸一档从动齿轮，一、二档同步器以及二档从动齿轮，如图3-37、图3-38和图3-39所示。

图3-36 拆卸中间支撑轴承

图3-37 拆卸一档从动齿轮

（3）安装

1）安装二档从动齿轮。

项目三 汽车底盘总成的拆装

图3-38 拆卸一档、二档同步器

图3-39 拆卸二档从动齿轮

2）安装一档、二档同步器。
3）安装一档从动齿轮。
4）安装中间支撑轴承。
5）安装倒档从动齿轮。
6）安装五档、倒档同步器，安装同步器卡环。
7）安装五档从动齿轮、后端轴承以及五档从动齿轮卡环。
8）安装后端支撑轴承，并安装卡环。
9）安装车速里程表传动齿轮，并安装卡环。
10）安装三档从动齿轮，安装三档、四档花键毂并安装卡环，安装同步器锁环。
11）组合第一轴和第二轴。
12）将第一轴和第二轴组合成的变速器输入/输出机构放入变速器壳体。
13）安装变速器上、下壳体。
14）安装变速器后壳体，注意涂上密封胶。
15）安装换档机构。
16）安装倒档止动螺栓和选档、换档止动螺栓。
17）加入变速器油，安装放油螺塞。
18）安装离合器推力轴承。

4. 自动变速器（A341E）的拆装

（1）拆装前的准备工作　自动变速器的拆卸方法和普通齿轮变速器有所不同，必须按照正确的步骤进行，以免损坏自动变速器。在拆卸自动变速器之前，应关闭汽车的点火开关，拆下蓄电池负极电缆，放掉自动变速器中的液压油，然后按照下列步骤准备自动变速器总成的拆卸。拆装自动变速器总成时，应当在翻转台架上或者拆装工作台上进行。拆装前，先按照以下步骤将自动变速器从车上拆下：

1）拆下与节气门摇臂连接的自动变速器节气门拉索，拔下自动变速器上的所有线束插头，拆除车速表软轴、液压油加油管、散热器油管、操纵手柄与手动阀摇臂的接杆等所有与自动变速器连接的零部件。
2）拆去排气管中段，拆除自动变速器下方的护罩和护板等。
3）松开传动轴与自动变速器输出轴的连接螺栓，拆下传动轴。
4）拆下飞轮壳盖板，用螺钉旋具撬动飞轮，逐个拆下飞轮与变矩器的连接螺栓。
5）拆下起动机。

6）拆下自动变速器与车架的连接支架，用千斤顶托住自动变速器。

7）拆下自动变速器和飞轮壳的连接螺栓，将变矩器和自动变速器一同抬下。在抬下自动变速器时，应扶住变扭器，以防止滑落。

（2）拆卸。

1）拆卸自动变速器前、后壳体以及油底壳、阀板。

① 从自动变速器前方取下液力变矩器。

② 拆除所有安装在自动变速器壳体上的部件，如加油管、档位开关、车速传感器和输入轴传感器等。

③ 松开紧固螺栓，拆下自动变速器前端的液力变矩器壳体，如图3-40所示。

④ 拆除输出轴凸缘和自动变速器后端壳，从输出轴上拆下车速传感器感应转子，如图3-41所示。

图3-40　拆下液力变矩器壳体

图3-41　拆下车速传感器感应转子

⑤ 拆下油底壳，如图3-42所示。松开进油滤网与阀板之间的固定螺栓，从阀板上拆下进油滤网。

⑥ 拔下连接在阀板上的所有线束插头，拆除与节气门阀连接的节气门拉索，松开阀板与自动变速器壳体之间的固定螺栓，拆下阀板总成，如图3-43所示。阀板上的螺栓除一部分是固定在自动变速器壳体上之外，还有许多是上、下阀板之间的固定螺栓。在拆卸阀板总成时，应对照《维修手册》，认准阀板与自动变速器壳体之间的固定螺栓。有些自动变速器的阀板与自动变速器壳体之间有油管连接（如自动变速器A340E），对此，可先用螺钉旋具将油管撬起后再拆下阀板总成。

图3-42　拆下油底壳

图3-43　拆下阀板总成

⑦ 取出自动变速器壳体油道中的止回阀和弹簧。

⑧ 取出自动变速器壳体上的减振器活塞。方法是用手指按住减振器活塞，从减振器活塞周围相应的油孔中吹入压缩空气，将减振器活塞吹出。

2）拆卸油泵总成。

① 拆下油泵周围的固定螺栓。

② 用专用顶拔器拔出油泵总成，如图3-44所示。

3）分解行星齿轮变速器。

① 从自动变速器前方取出超速行星架和直接离合器组件（图3-45）以及超速齿圈（图3-46）。

图3-44 拔出油泵总成

图3-45 拆下超速行星架和直接离合器组件

② 拆卸超速制动器。用螺钉旋具拆下超速制动器卡环，取出超速制动器钢片和摩擦片。拆下超速制动器（鼓）的卡环，松开壳体上的固定螺栓，用顶拔器拔出超速制动器（鼓），如图3-47所示。

图3-46 拆下超速齿圈

图3-47 拔出超速制动器（鼓）

③ 拆卸二档强制制动带活塞。从外壳上拆下二档强制制动带液压缸气缸盖卡环，用手指按住液压缸气缸盖，从液压缸进油孔中吹入压缩空气，将液压缸气缸盖和活塞吹出。

④ 拆出中间轴、高档及倒档离合器（图3-48）和前进离合器组件（图3-49）。

⑤ 拆出二档强制制动带销轴，取出制动带。

⑥ 拆出前行星排。取出前齿圈，将自动变速器立起，用木块垫住输出轴，拆下前行星架上的卡环，拆出前行星架和行星轮组件，如图3-50所示。

图 3-48 拆下高档及倒档离合器

图 3-49 拆下前进离合器组件

⑦ 取出前、后太阳轮组件，如图 3-51 所示。

图 3-50 拆下前行星架和行星轮组件

图 3-51 拆下前、后太阳轮组件

⑧ 拆下低档单向离合器，如图 3-52 所示。

⑨ 拆卸二档制动器。拆下卡环，如图 3-53 所示，取出所有摩擦片、钢片及活塞衬套，取出二档制动器。

图 3-52 拆下低档单向离合器

图 3-53 拆下卡环

⑩ 拆卸输出轴、后行星排和低档及倒档制动器组件。拆下卡环，抓住输出轴，拆下输出轴（图 3-54）、后行星排、前进单向离合器（图 3-55，在后行星排内）及其内环（图 3-56）、低档及倒档制动器摩擦片和钢片（图 3-57）、后齿圈（图 3-58）组件。

图 3-54　拆下输出轴

图 3-55　拆下后行星排和前进单向离合器

图 3-56　拆下前进单向离合器内环

图 3-57　拆下低档及倒档制动器摩擦片和钢片

注意：在分解自动变速器时，应将所有组件和零件按照分解顺序依次排放，以便于检修和组装。要特别注意各个止动垫片和推力轴承的位置，不可错乱。

4）分解阀板。液压控制阀板的分解由于阀板中各个控制阀的加工精度和配合精度都极高，不正确的拆卸方法往往会损坏控制阀，影响其正常工作。因此，在拆卸阀板时，应注意以下几点：

第一，拆检阀板时，切不可让阀芯等重要零件掉落。不要将钢丝、螺钉旋具等硬物伸入阀孔中，以免损伤阀芯和阀孔的精密配合表面。

图 3-58　拆下后齿圈

第二，阀板分解后的所有零件在清洗后，可用压缩空气吹干。不允许用棉布擦拭，以免沾上细小的纤维丝，造成控制阀卡滞。

第三，不要在阀板衬垫及控制阀的任何零件上使用密封胶或黏合剂。

第四，在分解阀板时，要有详细的技术资料（如阀板分解图），以作为对照。拆下的各个控制阀零件要按顺序排放，以便重装。另外，在分开上、下阀板时，要特别注意不要使阀板油道中的阀球、滤网等小零件掉出。在拿起上面的阀板时，要将隔板连同阀板一同拿起，待翻转阀板使油道一面朝上后再拿开隔板；认明上、下阀板油道中所有阀球等零件的位置并画在简图上，同时测量并记下不同直径的阀球的位置，然后才能取出阀球等零件，作进一步分解及阀板清洗工作。

分解步骤：

① 拆下阀板上的手动阀阀芯及电磁阀等零件。

② 松开上阀板之间的固定螺栓，将上、下阀板分开。在拿起上阀板时，为了防止上阀板油道内的单向阀阀球掉落，应将上、下阀板之间的隔板和上阀板一同拿起，并将上阀板油道一面朝上放置后再取出隔板。

③ 从上阀板一侧取下隔板，取出上阀板油道内的所有单向阀阀球。

④ 拆出上阀板中所有的控制阀。在拆出每个控制阀时，应先取出锁销和栓塞，再让阀芯和弹簧从阀孔中自由落出。若阀芯在阀孔中有卡滞，不能自由落出，则可用木锤或橡胶锤敲击阀板，将阀芯振出；不要用钢丝或钳子伸入阀孔去取阀芯，以免损坏阀孔内径或阀芯。

⑤ 拆出下阀板中所有的控制阀。

(3) 安装

1) 安装阀板。

① 将清洗后的上、下阀板和所有控制阀零件放在干净的液压油中，让它浸泡几分钟。

② 安装上、下阀体各控制阀，注意各控制阀弹簧的安装位置，切不可将各控制阀的弹簧装错。

③ 将上阀板油道内的阀球装入。

④ 用螺钉将隔板及隔板衬垫固定在上阀板上。

⑤ 将上、下阀板合在一起，将三种不同规格的阀板螺栓安装在不同的位置上，分 2~3 次将所有螺栓拧紧。阀板螺栓的标准拧紧力矩为 $6.1N\cdot m$。

⑥ 顺序安装电磁阀和手动阀等零件。

2) 装配行星齿轮变速器。

① 将低档及倒档制动器摩擦片和钢片装入变速器壳体，并安装卡环。

② 将后齿圈装入变速器壳体。

③ 将前进单向离合器装入后行星排内，将其总成装入后齿圈内。

④ 将前进单向离合器内环装入后行星排中的前进单向离合器内。

⑤ 从变速器壳体后部装入输出轴。

⑥ 装入二档制动器。

⑦ 将二档制动器的所有摩擦片、钢片及活塞衬套装入变速器壳体，并安装卡环。

⑧ 装入低档单向离合器。

⑨ 装入前、后太阳轮组件。

⑩ 装入前行星架和行星轮组件，装入前齿圈。

⑪ 安装制动带。

⑫ 安装前进离合器组件，安装高档及倒档离合器。

⑬ 安装二档强制制动带活塞。

⑭ 安装超速制动器（鼓）及其摩擦片、钢片和卡环。

⑮ 安装超速齿圈。

⑯ 安装超速行星架和直接离合器组件。

3) 安装油泵总成。

4) 安装阀板、前/后壳体和油底壳。

① 安装自动变速器壳体上的减振器活塞。

② 安装自动变速器壳体油道中的止回阀和弹簧。

③ 安装下阀板总成。拧紧阀板与自动变速器壳体之间的固定螺栓，安装与节气门阀连接的节气门拉索，安装连接在阀板上的所有线束插头。

④ 安装进油滤网。拧紧进油滤网与阀板之间的固定螺栓，安装油底壳。

⑤ 安装车速传感器感应转子，安装输出轴凸缘和自动变速器后端壳。

⑥ 安装液力变矩器壳体。

⑦ 安装所有在自动变速器壳体上的部件，如加油管、档位开关、车速传感器和输入轴传感器等。

⑧ 装入液力变矩器。

5) 将自动变速器装上汽车。

① 将自动变速器装在飞轮壳上。

② 托起自动变速器，安装自动变速器与车架的连接支架。

③ 安装起动机。

④ 用螺钉旋具撬动飞轮，逐个安装飞轮与变矩器的连接螺栓，并安装飞轮壳盖板。

⑤ 安装传动轴。安装传动轴与自动变速器输出轴的连接螺栓。

⑥ 安装自动变速器下方的护罩和护板等，安装排气管中段。

⑦ 安装车速表软轴、液压油加油管、散热器油管、操纵手柄与手动阀摇臂的连接杆等所有与自动变速器连接的零部件，安装自动变速器上的所有线束插头，安装与节气门摇臂连接的自动变速器节气门拉索。

5. 自动变速器（01M）的拆装

（1）拆装前准备工作　自动变速器的拆卸方法和普通齿轮变速器有所不同，必须按照正确的步骤进行，以避免损坏自动变速器。在拆卸自动变速器之前，应关闭汽车的点火开关，拆下蓄电池负极电缆，放掉自动变速器中的液压油。拆装自动变速器总成时，应当在翻转台架上或者拆装工作台上进行。

（2）拆卸

1) 从车上拆下自动变速器。

① 对于带有编码收音机的车辆应注意编码。拆除蓄电池搭铁线。

② 从变速器上拔下速度表插头，拔下车速传感器插头。

③ 从变速器上拆下电气插头，如图3-59所示。从支架上取下线束并放在一旁。

④ 拔下多功能开关插头，如图3-60所示。

⑤ 将变速杆置于档位（P位），并从杠杆或选档、换档轴上拧下变速杆拉索。拆下变速杆拉索支架上的弹性挡圈，并拆下变速杆拉索。

⑥ 用专用工具拆除自动变速器机油冷却器软管卡箍并取下软管。

⑦ 吊起发动机和变速器。

⑧ 对于6缸发动机的车辆，吊架装入环耳（箭头所示）前，需拆下真空管1和插头2，

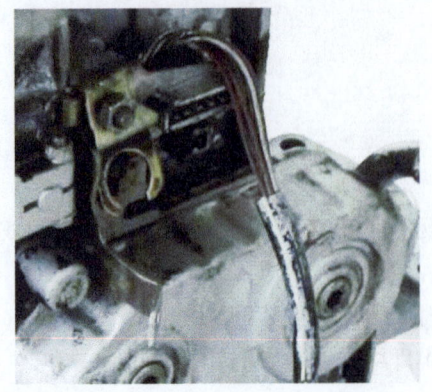 

图 3-59　拆卸变速器电气插头　　　　图 3-60　拔下多功能开关插头

如图 3-61 所示。

⑨ 拆下起动机。

⑩ 拆下助力转向机构的高压管支架。

⑪ 从发动机支架上拧下前支架螺栓。

⑫ 拆下支架。

⑬ 拧入冷却液补充罐并放在一旁。

⑭ 拆下左侧总成悬置支架。

⑮ 拆下发动机和变速器上部的连接螺栓。

⑯ 拆下自动变速器油底壳的防护板。

⑰ 拧下液力变矩器的防护板和螺母。

⑱ 从法兰上拧下驱动轴。

⑲ 将右侧驱动轴向上固定好。

⑳ 拆下左侧车轮。

㉑ 向右转动转向机构。

㉒ 标出左侧悬架臂上万向节螺栓的安装位置并拆下螺栓。

㉓ 带有加高底盘的车辆，需松开螺栓 A 和 B，如图 3-62 所示。

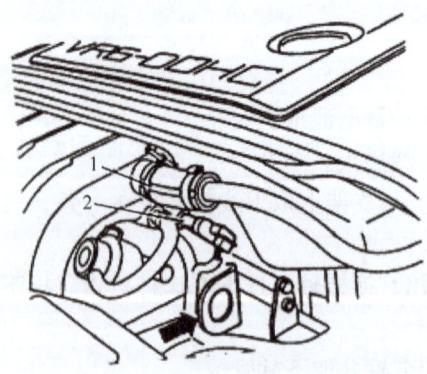 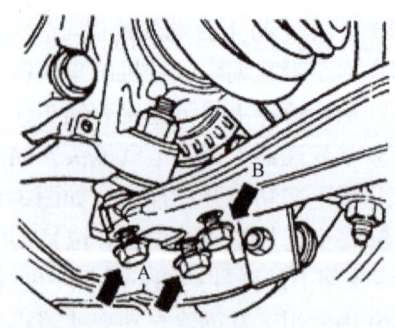

图 3-61　拆下真空管　　　　　　　　图 3-62　拆卸底盘螺栓
1—真空管　2—插头

㉔ 将左侧驱动轴放在一旁，向外侧摆动万向节。对于带三驱轴万向节的驱动轴，需拆下驱动轴。

㉕ 安装变速器支架。

㉖ 将千斤顶连同变速器支架一同放到变速器下面并支起变速器。

a. 将支架心轴装到油底壳上，并紧固到变速器壳体上。
b. 拆下发动机和变速器下部的连接螺栓。
c. 向前拧动支架，以推动发动机和变速器。
d. 压开变速器和发动机，从中间板上压出液力变矩器。
e. 将液力变矩器压靠在自动变速器油泵上。
f. 通过吊架螺杆放下发动机。稍微放下一点变速器，将助力转向装置高压管拉过变速器。
g. 通过千斤顶放下变速器，在放下的过程中，将罩盖（车轮室一侧）装到车轮室上，向内摆动变速器并小心放下。应注意右驱动法兰不能碰到支架，多功能开关不能碰到总成支架。
h. 固定好液力变矩器，以防脱落。

2）变速器的分解。

① 装上自动变速器机油溢流管和螺塞，如图3-63所示。
② 关闭自动变速器机油冷却器油口，拆下液力变矩器。
③ 用螺栓将自动变速器固定到安装架上。
④ 拆下变速器壳体上带密封垫的端盖，如图3-64所示。

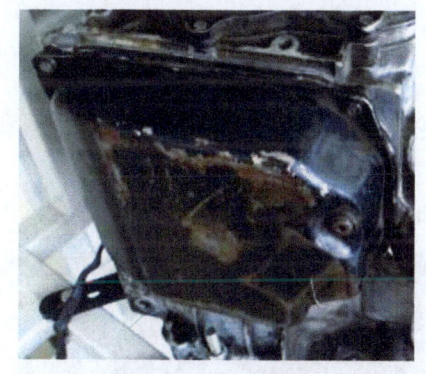

图3-63　装上自动变速器机油溢流管和螺塞

图3-64　拆下端盖

⑤ 拆下油底壳，拆下自动变速器油滤网。
⑥ 拆下带传输线的滑阀箱。
⑦ 拆下倒档制动器 B_1 的密封圈。
⑧ 拆下自动变速器油泵螺栓，如图3-65所示。
⑨ 取出油泵，如图3-66所示。
⑩ 将带有隔离管、制动器 B_2 的制动片、弹簧和弹簧盖的所有离合器拔出，如图3-67所示。
⑪ 将螺钉旋具插入大太阳轮的孔内以松开小输入轴螺栓，如图3-68所示。

图 3-65　拆下自动变速器油泵螺栓

图 3-66　取出油泵

图 3-67　拔出离合器

图 3-68　固定大太阳轮

⑫ 拧下小输入轴螺栓，如图 3-69 所示。

⑬ 拆下小输入轴上的螺栓和调整垫圈，行星齿轮支架的推力滚针轴承留在变速器和主动齿轮内。

⑭ 拔下小输入轴，拔出大输入轴，如图 3-70 所示。

图 3-69　拧下小输入轴螺栓

图 3-70　拔出大输入轴

⑮ 拔出大太阳轮，如图 3-71 所示。

⑯ 拆卸单向离合器前，应先拆下变速器转速传感器。

图 3-71 拔出大太阳轮

⑰ 拆下隔离管弹性挡圈 a 和单向离合器弹性挡圈 b，如图 3-72 所示。

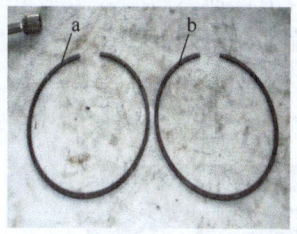

图 3-72 拆下弹性挡圈

⑱ 用钳子从变速器壳体上拔下在定位楔（图 3-73）上的单向离合器。
⑲ 拔下带碟形弹簧的行星齿轮支架，如图 3-74 所示。

图 3-73 拔下单向离合器　　　　图 3-74 拔下带碟形弹簧的行星齿轮支架

⑳ 拆下倒档制动器 B_1 的摩擦片，如图 3-75 所示。需要说明的是，分解行星齿轮系无须拆下主制动轮。

（3）安装
1）星齿轮系的组装。
① 将 O 形圈装入行星齿轮支架，如图 3-76 所示。更换行星齿轮支架时，需要调整该支架。
② 带垫圈的推力滚针轴承和行星齿轮支架装入主动齿轮，如图 3-77 所示。
③ 将垫圈和推力滚针轴承装到行星齿轮支架的小太阳轮上。

图 3-75　拆下倒档制动器 B_1 的摩擦片

图 3-76　将 O 形圈装入行星齿轮支架

④ 使垫圈和推力滚针轴承与小太阳轮中心对齐。装入倒档制动器 B_1 的内、外片。

⑤ 装入压板，扁平面朝向片组。压板厚度按照制动片数量的不同有所不同。装入碟形弹簧，凸起面朝向单向离合器，如图 3-78 所示。如果更换变速器壳体、单向离合器、倒档制动器 B_1 活塞和摩擦片，则需要调整倒档制动器 B_1。

图 3-77　装入滚针轴承和行星齿轮支架

图 3-78　装入碟形弹簧

⑥ 用专用工具张开单向离合器滚子并装上单向离合器，如图 3-79 所示。

⑦ 安装单向离合器弹性挡圈 b 和隔离管弹性挡圈 a，装弹性挡圈时开口装到定位楔上。

⑧ 安装变速器转速传感器。

⑨ 测量倒档制动器 B_1。

⑩ 将大太阳轮及小输入轴部件装入变速器壳体，如图 3-80 所示。

⑪ 安装小输入轴螺栓。螺栓的拧紧力矩为 30N·m。将调整垫圈装到小输入轴台肩上，确定调整垫圈的厚度，调整行星齿轮支架，如图 3-81 所示。

⑫ 测量行星齿轮支架。

图 3-79　安装单向离合器

⑬ 装配一档、三档离合器 K_1 以及四档离合器 K_3，如图 3-82 所示。将带垫圈的推力滚针轴承装到四档离合器 K_3 上，如图 3-83 所示。用自动变速器油沾湿推力滚针轴承垫圈，以便安装时轴承黏到四档离合器 K_3 上。

图 3-80 装入小输入轴、大输入轴以及大太阳轮等部件

图 3-81 安装小输入轴螺栓　　　　图 3-82 装配一档、三档离合器 K_1 及四档离合器 K_3

⑭ 将 O 形圈装入槽内。注意活塞环的正确位置。

⑮ 将一档、三档离合器 K_1 以及四档离合器 K_3 装入壳体，如图 3-84 所示。

图 3-83 将推力滚针轴承装到 K_3 上　　　图 3-84 将一档、三档离合器 K_1 以及四档离合器 K_3 装入壳体

⑯ 将调整垫圈（图 3-85）装入 K_1。更换 K_1、K_2 或自动变速器油泵后，需重新测量调整垫片的厚度，可用 1 个或 2 个调整垫圈。

⑰ 装入倒档离合器 K_2，如图 3-86 所示。

图 3-85　将调整垫圈装入 K_1

图 3-86　装入倒档离合器 K_2

⑱ 装入倒档制动器 B_2 制动片组的隔离管，安装时应使隔离管上的槽进入单向离合器的楔。

⑲ 安装制动器 B_2 的制动片，如图 3-87 所示。先装上一个 3mm 厚的外片，将 3 个弹簧盖装入外片，插入压力弹簧，直到把最后一个外片装上。安装最后一片已测量的外片前，应先把 3 个弹簧盖装到压力弹簧上，装上波形弹簧垫片。如果更换了隔离管、自动变速器油泵和制动片，则应调整二档、四档制动器 B_2。

图 3-87　装入制动器 B_2 的制动片

⑳ 安装自动变速器油泵密封垫。

㉑ 将 O 形圈装到自动变速器油泵上。

㉒ 安装自动变速器油泵。

㉓ 均匀交叉拧紧螺栓。注意不要损坏 O 形圈，螺栓拧紧力矩为 8N·m，螺栓拧紧后再拧 90°，此时可分几步进行。

㉔ 将油塞连同滑阀箱和油底壳一同装上。

㉕ 装上带密封垫和隔套的端盖。

㉖ 装上自动变速器溢流管和螺塞。

2）自动变速器的装车。变速器的安装按照与拆卸的相反顺序进行。安装液力变矩器时，应注意驱动轴的两轴颈必须装入自动变速器油泵内齿轮的槽内。安装变速器时，还要注意以下几点：

① 安装前应注意紧配轴套的正确位置。

② 安装变速器前，应注意液力变矩器与中间板表面的接合状况。

③ 更换变速杆支架上的弹性挡圈。

④ 检查变速杆拉索的调整情况。变速器有关的拧紧力矩见表 3-1。

6. 传动轴的拆装

（1）拆装前的准备工作　拆卸传动轴时，要防止汽车的移动，并在每个万向节叉的凸缘上做好标记，以确保作业后原位装复，否则极易破坏万向传动装置的平衡性，造成运转噪声和强烈振动。拆装传动轴总成时，应当在拆装工作台上进行。

表 3-1　变速器有关的拧紧力矩　　　　　　　　　　　（单位：N·m）

部　位	拧紧力矩	部　位	拧紧力矩
驱动轴与驱动法兰连接	45	支架与左侧总成支承	60
液力变矩器与中间板连接	60	左支架与变速器	25
变速器与发动机螺栓 M12	80	防护板与变速器	15
变速器与发动机螺栓 M10	60	万向节与悬架	35
前支架与总成支承	60	起动机与变速器	60

（2）拆卸

1）从传动轴后端与驱动桥连接处开始，先把与后桥凸缘连接的螺栓拧松取下，如图 3-88 所示。

2）将与中间传动轴凸缘连接的螺栓拧下，拆下传动轴总成，如图 3-89 所示。

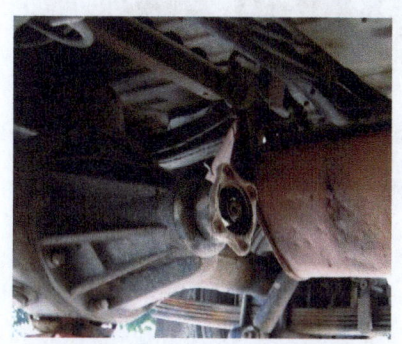

图 3-88　拆卸传动轴后端

图 3-89　拆卸中间传动轴凸缘的连接螺栓

3）松开中间支撑支架与车架的连接螺栓，松下前端凸缘盘，拆下中间传动轴，如图 3-90 所示。

（3）安装

1）安装中间传动轴。拧紧前端凸缘盘，拧紧支撑支架与车架的连接螺栓。

2）装上中间传动轴凸缘的连接螺栓。

3）将传动轴与后桥对好后，拧紧凸缘连接螺栓。

7. 半轴的拆装

（1）拆装前的准备工作　拆装前，要防止汽车移动。拆装时，注意：敲击球笼时，要保护传动轴，不要把传动轴敲变形；加注球笼润滑油时，不可用其他润滑脂代替，一定要用球笼专用润滑脂；把拆下来的各个部件安装完后，重新检查一遍是否安装紧固到位。拆装半轴总成时，应当在拆装工作台上进行。

图 3-90　拆下传动轴

（2）拆卸

1）卸下车轮的大螺母，如图 3-91 所示。

2）卸下减振螺钉，如图 3-92 所示。

3）用锤砸球头上部，如图 3-93 所示。

汽车拆装实训

图3-91 卸下大螺母

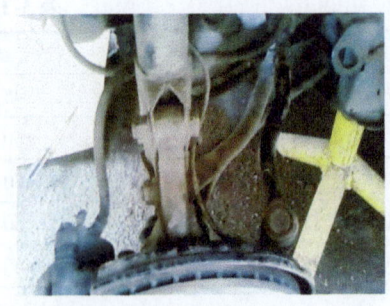

图3-92 卸下减振螺钉

4）把球头销子拔出来，拧下锁紧螺母，再用锤子向上砸球头，取出半轴，如图3-94所示。

图3-93 用锤砸球头上部

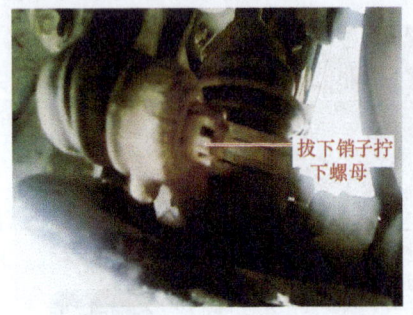

图3-94 取出半轴

5）松开球笼防尘套两侧的卡箍，如图3-95所示。拆下球笼防尘套，并检查防尘套有无破损老化现象。

6）拆下卡簧。卡簧装在球笼外侧的，用外卡簧钳张开卡簧取下外球笼，如图3-96所示。卡簧装在球笼内侧的，用锤子敲击球笼外座圈，使球笼与半轴脱开。

图3-95 拆下卡箍

图3-96 取下外球笼

7）分解球笼。用铜锤敲击球笼内座圈，使球笼及内座圈与外座圈垂直，取下内座圈、球笼及钢球，如图3-97所示。

（3）安装

1）安装外球笼。先在内、外球笼的滚道上涂以少量的球笼油，再将外球笼的内座圈有倒角的一侧与球笼有倒角的一侧安装在同一方向，二者垂直装入外座圈，并分别将6个钢球间隔安装在球笼上,将球笼、内座圈及钢球推入外座圈中,注意球笼内座圈有倒角的一侧和球笼有倒角的一侧朝向外座圈的大端,安装后使球笼内充满球笼油。

图 3-97　取下内座圈、球笼及钢球

2)安装内球笼。先在内、外球笼的滚道上涂以少量的球笼油,而后使内座圈上的大面对外座圈的小面,再将内座圈与球笼二者垂直装入外座圈中,最后将球笼的内座圈有倒角的一侧与外球笼端面不平的一面相反装入到外球笼中,安装后使球笼内充满球笼油。

3)安装外球笼防尘套。将防尘套装在半轴上的指定位置上,用新的小卡箍将防尘套固定在半轴上。

4)安装半轴。装内卡簧式半轴时,稍用力将半轴插在外球笼的内座圈中,使卡环卡住半轴环槽,确保固定可靠。装外卡簧式半轴时,按照规定更换新的卡簧,而后用铜锤敲击外座圈使卡簧穿过内座圈。

5)将球笼防尘套与外座圈用大卡箍固定。

6)检查外球笼应在半轴上自由转动。

7)向下砸球头,穿入球头销子,拧紧锁紧螺母。

8)固定球头。

9)安装减振螺钉。

10)安装前轮螺母。

8. 十字轴式万向传动装置的拆装

(1)拆装前的准备工作　为保证再装配后十字轴轴承的配合精度,拆卸十字轴轴承之前要作好标记,并原位装回,零件拆卸后应使用清洁煤油进行彻底的清洗,清洗后用压缩空气吹干。拆装十字轴式万向传动装置总成时,应当在拆装工作台上进行。

(2)拆卸

1)用卡簧钳把每个内弹性挡圈取出。

2)把传动轴的一端抬起,拿锤子轻敲耳根部,将滚针轴承座振出。

3)传动轴转过180°,用同样的方法将凸缘叉上的另一组滚针轴承座振出,并取下凸缘叉。

4)取下十字轴。

(3)安装

1)使十字轴上的润滑脂嘴朝向套管一方,并和套管叉上的润滑脂嘴同相位,插入万向节叉的耳孔内,把滚针轴承放入耳孔并套到十字轴轴颈上。

2)用铜棒、锤子轻敲滚针轴承外底面,使轴承进入耳孔到位,装上卡簧。

3)对准装配标记,把凸缘叉套到十字轴的另一对轴颈上。

4)把滚针轴承放入凸缘叉耳孔内,并套到十字轴轴颈上,用铜棒、锤子轻敲轴承进入耳孔到位,用卡簧钳把挡圈装入耳孔槽,注意挡圈要整个厚度进入槽底。

9. 主减速器和差速器的拆装

（1）拆装前的准备工作　拆卸轴承和齿轮必须使用专用工具，不得用锤子直接敲击进行拆卸；为保证再次装配时的精度，在拆卸驱动桥时应检查装配标记。零件分解后应清洗干净，并涂上润滑油以防止生锈；对各个螺栓应当严格按照规定力矩拧紧。拆装主减速器和差速器总成时，应当在拆装工作台上进行。

（2）拆卸

1）差速器总成拆卸。

① 在差速器轴承盖与轴承座上作好标记，拆卸时差速器两侧的组件不能互换。

② 拆下差速器支承轴承调整螺母锁片的固定螺栓，拆下锁片，如图 3-98 所示。

③ 拆下差速器支承轴承调整螺母、支承轴承外座圈和轴承盖，拆下差速器总成，如图 3-99 所示。

图 3-98　拆下锁片　　　　　　　　　图 3-99　拆下差速器总成

④ 翘平差速器壳上的主减速器从动齿轮锁片，拆下固定螺栓，拆下主减速器从动齿轮，如图 3-100 所示。

⑤ 用顶拔器拔出支撑轴承。

⑥ 用冲子将行星齿轮轴锁销冲出，用小于行星齿轮轴直径的压器压头压出行星齿轮轴，如图 3-101 所示。

 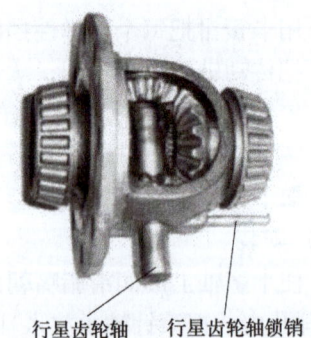

图 3-100　拆下主减速器从动齿轮　　　　图 3-101　压出行星齿轮轴

⑦ 旋转半轴齿轮使行星齿轮转至差速器壳体窗口处。取出行星轮和止推垫片，记录止推垫片的厚度后放好。

⑧ 取出半轴齿轮、半轴齿轮止推垫片及半轴内的油封。

2）拆卸主减速器。

① 打开主减速器输入轴锁紧螺母的锁片，拆下锁紧螺母，拆下凸缘盘，如图 3-102 所示。

② 用油封顶拔器或螺钉旋具取出油封，用木锤轻轻敲击将主减速器输入轴打出，拆下输入轴时后支撑轴承一起被取出，如图 3-103 所示。

图 3-102　拆下凸缘盘

图 3-103　拆下输入轴

③ 拆下输入轴的前支撑轴承、止推套筒和调整垫片，记录输入轴调整垫片的厚度后放好，如图 3-104 所示。

④ 用专用顶拔器拔出输入轴后支撑轴承。

⑤ 用压力器将前、后支撑轴承的外圈压出。

（3）安装

1）主减速器的安装。

① 用压力器将输入轴前、后支撑轴承的外座圈压入壳体内。

② 用压力器将后支撑轴承压入输入轴轴颈靠主减速器主动齿轮一侧。

图 3-104　拆下前支撑轴承

③ 装入输入轴、调整垫片、止推套筒、前支撑轴承、凸缘盘、垫片和锁紧螺母，按规定力矩拧紧锁紧螺母。

④ 检查支撑轴承的预紧度，过紧则减少调整垫片，过松则加装调整垫片。

⑤ 预紧度调整合适后，拆下锁紧螺母、锁片和凸缘盘，加少许齿轮油，装入油封，再装入凸缘盘、垫片和锁紧螺母，最后按规定力矩拧紧锁紧螺母。

2）差速器总成的安装。

① 将两个半轴齿轮止推垫片和半轴齿轮装入差速器壳体内。

② 再装入两个行星轮止推垫片和行星轮，装入行星轮轴，对正锁销孔，将锁销轻轻打入。

③ 将主减速器的从动齿轮装到差速器壳体上，装上锁片，螺栓按规定力矩拧紧，然后将锁片翘起锁住螺栓。

④ 将差速器的两个支撑轴承装入差速器壳体上，装上两个轴承座圈。

⑤ 将差速器总成装入主减速器壳体轴承座内，把支撑轴承盖按标记对正，按规定力矩拧紧轴承座紧固螺栓。

⑥ 装入差速器两端的调整螺母，缓慢旋紧，调整差速器支撑轴承的预紧度。

10. 分动器的拆装

（1）拆装前的准备工作　拆解时，需要一个合适的车辆举升器和分动器托架或千斤顶。分动器托架或千斤顶必须能够完全独立支撑起分动器，还必须能够升高、降低和横向移动分动器。拆装分动器总成时，应当在拆装工作台上进行。

（2）拆卸

1）从车上拆下分动器。用举升器将汽车举起。首先放掉分动器齿轮油；拆卸前、后传动轴，将后传动轴拆下放在一边，将前传动轴与分动器连接处断开，并放在一边；断开分动器操纵机构，断开车速传感器线束插头；用变速器托架将变速器托起，拆下变速器和分动器底梁托架；缓慢降下变速器托架一段距离，拆下所有分动器与变速器之间的连接螺栓，将分动器抬下，如图 3-105 所示。

2）分动器分解过程如下：

① 拆卸后凸缘时，凡使用密封胶的接合面，在拆下螺栓后，先用一个软锤向上轻轻敲敲击凸缘的凸出部分，使密封胶松脱，然后才能取下凸缘，如图 3-106 所示。

图 3-105　拆下分动器总成

图 3-106　取下凸缘

② 拆卸前、后壳体时，先拆下固定螺栓，再在两壳体的接缝处插入两把螺钉旋具，然后轻轻向上撬起，破坏二者之间的密封胶，把两者分开，如图 3-107 所示。

③ 拆卸同步器等零件时，先冲出连接拨叉和拨叉轴的弹簧销，然后把同步器总成和拨叉作为一个整体从后输出轴上拆下，如图 3-108 所示。

图 3-107　拆开上、下壳体

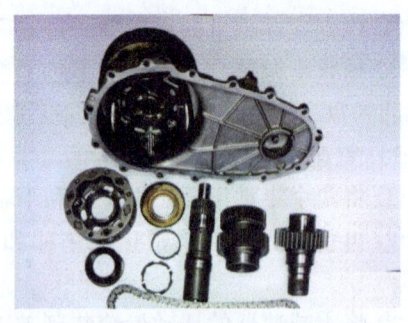
图 3-108　取出同步器

（3）安装

1）分动器总成的装配。

① 装配前，要先用分动器油润滑各部件。更换轴承时，注意不要堵塞轴承孔上的供

油口。

② 在安装好输入轴及轴承后，注意要用卡环将其锁住，防止轴向窜动。

③ 在安装凸缘罩时，应装入新凸缘罩油封。

④ 在安装前、后壳体及凸缘时，应在接合面上涂抹 3mm 宽的 RTV 密封胶。

⑤ 将所有连接螺栓按规定力矩拧紧。

2）分动器装车。举升起分动器，安装分动器与变速器之间的所有螺栓，安装变速器与分动器底梁托架，装上车速传感器线束插头，安装分动器操纵机构，安装前传动轴。

检测评价

汽车底盘传动系统的拆装考核与成绩评定（参考）见表 3-2。

表 3-2 汽车底盘传动系统的拆装考核与成绩评定（参考）

序 号	考核内容	配 分	评分标准	得 分
1	正确使用工量具、仪器	10	工量具、仪器使用不当每次扣 5 分	
2	弹簧周布式离合器的拆装	5	拆装方法不正确每次扣 3 分	
3	手动变速器的拆装（5 速和 6 速）	20	拆装方法不正确每次扣 5 分	
4	自动变速器的拆装（A341E、01M）	20	拆装方法不正确每次扣 5 分	
5	传动轴总成的拆装	10	拆装方法不正确每次扣 5 分	
6	半轴总成的拆装	5	拆装方法不正确每次扣 3 分	
7	万向传动装置的拆装	5	拆装方法不正确每次扣 3 分	
8	主减速器和差速器总成的拆装	10	拆装方法不正确每次扣 5 分	
9	分动器总成的拆装	5	拆装方法不正确每次扣 3 分	
10	操作现场整洁，安全用电，防火，无人身、设备事故	10	因操作不当发生重大事故，此次实训按 0 分计	
	分数总计	100		

任务二　行驶系统的拆装

任务目标

1）学会汽车行驶系统的正确拆装方法，进一步掌握车架、车桥、悬架和车轮各个部件的名称、结构和工作原理。

2）培养学生在任务实施过程中的团队协作精神。

任务准备

1）后桥总成 1 套、悬架 1 套、车轮轮胎 2 个（有内胎轮胎和无内胎轮胎各 1 个）。

2）汽车常用拆装工具 1 套，专用拆装工具 1 套。

3）检测仪器：150mm 游标卡尺 1 把，钢直尺 1 把，塞尺 1 把。

4）零部件存放台 1 个。

5）润滑脂、棉纱若干。

6）汽车行驶系统拆装实训录像及挂图等。

7）每 5～6 人一组，由试验老师指导，学生自己动手拆装汽车底盘行驶系统零部件。

任务实施

1. 后桥的拆装

（1）拆装前的准备工作　需要可靠地举升汽车，保持车辆稳定。

（2）拆卸

1）用举升机举起汽车，放净桥壳内的润滑油。

2）拆下传动轴，拆下两后轮轮胎，拆下后轮两边的制动鼓、制动底板、制动油管，用滑锤拉出半轴。

（3）后桥的安装

1）将主减速器和差速器齿轮涂上少许齿轮油，主减速器壳与驱动桥壳的接合面涂上密封胶装在驱动桥壳上。

2）先安装两个定位螺栓，以使主减速器具有正确的安装位置，然后装齐所有螺栓。

3）缓慢装入半轴油封和半轴，使半轴与半轴齿轮内花键啮合。

4）将制动底板装在桥壳两端，按规定力矩将两边固定螺栓拧紧。

5）打开加油堵，加注齿轮油至加油口下 5mm 左右，装上油堵并按规定力矩拧紧。

6）用举升机将汽车举起，将后桥总成放在柱式千斤顶上，升至与钢板弹簧接合。

7）装上桥壳两边共 4 个 U 形固定螺栓，固定桥壳总成。

8）装上两后轮、传动轴和制动油管，排净制动油管内的空气。

2. 悬架的拆装

（1）拆装前准备工作　需要可靠地举升汽车，保持车辆稳定。

（2）拆卸

1）前悬架拆卸。

① 用轮胎扳手将固定轮胎的 4 个螺栓松开，如图 3-109 所示。

② 使用千斤顶举起汽车，使轮胎离开地面，用工具将轴头螺栓松开，取下轮胎，如图 3-110 所示。

图 3-109　松开轮胎固定螺栓

图 3-110　取下轮胎

③ 拆下固定制动轮缸的螺栓，将制动轮缸取下并固定在车架上，如图 3-111 所示。

④ 拆下下支臂球头固定螺栓，将其取下，如图 3-112 所示。

⑤ 拆下转向横拉杆球头，注意不要损伤螺纹，并抽出传动轴，如图 3-113 所示。

⑥ 用专用扳手拆下减振器固定螺栓，注意不要将内六角圆柱头螺栓损伤，如图 3-114 所示。

图 3-111 取下制动轮缸

图 3-112 取下支臂球头固定螺栓

图 3-113 拆下转向横拉杆球头

图 3-114 拆下减振器固定螺栓

⑦ 取下减振器总成,并用专用工具夹住,如图 3-115 所示。拆下开槽螺栓,取下弹簧,并注意弹簧安装方向和防尘套、缓冲件的安装顺序,如图 3-116 所示。

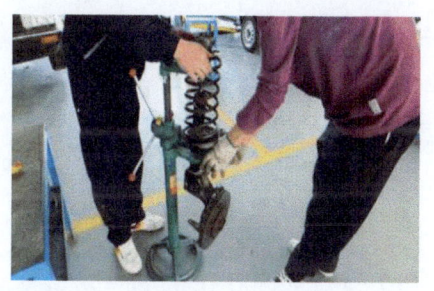

图 3-115 使用专用工具夹住减振器总成

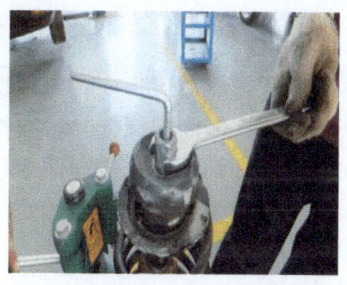

图 3-116 拆下开槽螺栓

2) 后悬架拆卸。

① 用轮胎扳手将固定轮胎的四个螺栓松开,如图 3-117 所示。

② 用千斤顶将车顶起,使轮胎离开地面,取下轮胎,如图 3-118 所示。

图 3-117 松开螺栓

图 3-118 取下轮胎

③ 松开减振器下端与后桥的固定螺栓，如图 3-119 所示。
④ 打开后座椅处，用专用工具拆下螺栓，如图 3-120 所示。

图 3-119　松开固定螺栓

图 3-120　用专用工具拆下螺栓

⑤ 拆下减振器与后桥的连接螺栓，并取下减振器总成，分解，注意各部件先后次序，如图 3-121 所示。

（3）安装

1）后悬架的安装。

① 组装减振器总成，注意安装次序。

② 将减振器与车架用连接螺栓固定。

③ 将减振器与后桥用螺栓固定。

④ 安装轮胎，放下汽车，利用汽车自重将弹簧压下。

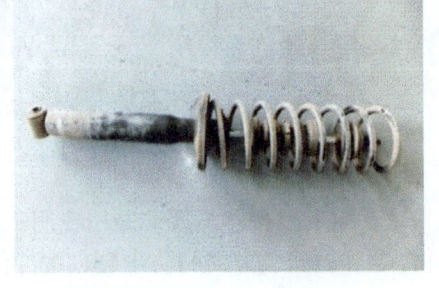

图 3-121　取下减振器总成

2）前悬架的安装。

① 组装减振器总成，注意安装次序。

② 安装减振器固定螺栓，将减振器固定在车架上。

③ 安装传动轴，并安装转向横拉杆球头。

④ 安装下支臂球头固定螺栓。

⑤ 安装制动轮缸螺栓。

⑥ 安装轮胎及轴头螺栓。

3. 轮胎的拆装

（1）拆装前的准备工作　拆卸有内胎轮胎时，必须完全放气后才能开始拆卸。安装有内胎的轮胎前，需正确选择需要安装的内胎，必须要确认轮辋、法兰和锁圈相互匹配才能开始安装。安装无内胎轮胎时，禁止使用汽油或其他易燃材料进行润滑。

（2）拆卸

1）拆卸有内胎轮胎。

① 取下气门芯并给轮胎完全放气。用一根硬金属杆插入气门中，确保气门没有被碎屑堵住。在轮胎完全放气之前，切勿试图拆装轮胎。

② 使用安装撬棍，将其两端放置在锁圈压环之间，将压环向下压，将其松开，如图 3-122 所示。

③ 用一根撬棍压住法兰，将锁圈的一头从轮辋上撬开。使用另外一根撬棍继续撬，直至锁圈可以被取下。取下锁圈，将压环从轮辋上松开，将其安全地放置在一旁。将气门推出

轮辋上的气门槽和垫带中间的孔，如图 3-123 所示。

图 3-122　松开压环

图 3-123　取下锁圈

④ 翻转轮辋，将其放在木板或者用于轮胎和内胎拆装的类似工具上，如图 3-124 所示。

⑤ 使用胎圈拆装工具将轮胎胎圈从轮辋上分离，使轮胎完全脱离，如图 3-125 所示。

图 3-124　翻转轮辋

图 3-125　分离胎圈

⑥ 从轮胎中取出垫带和内胎，如图 3-126 所示。

2）拆卸无内胎轮胎。

① 完全润滑两侧胎圈，以免拆装时损伤，如图 3-127 所示。

图 3-126　取出垫带和内胎

图 3-127　完全润滑两侧胎圈

② 从气门处开始拆卸，如图 3-128 所示。

③ 将轮胎轮辋翻转，把轮胎撬棍插入背面的轮辋法兰向上撬起，使用胎圈脱离锤或者带有橡胶轮辋锤和楔状鸭嘴锤等工具，直到轮辋与轮胎脱离，如图 3-129 所示。

汽车拆装实训

图 3-128 从气门嘴处开始操作

图 3-129 撬起轮辋

④ 站到轮辋中间，将撬棍放平，如图 3-130 所示。
⑤ 逐步重复以上操作，直至第一条胎圈脱离轮辋，如图 3-131 所示。

图 3-130 放平撬棍

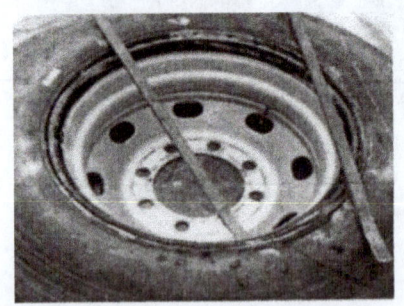

图 3-131 分离轮辋

⑥ 把组件翻转，将轮胎撬棍放入内部，如图 3-132 所示。
⑦ 让撬棍的卡槽卡住轮辋法兰，向上撬起直到轮胎与轮辋脱离，如图 3-133 所示。

图 3-132 将撬棍放入

图 3-133 轮胎与轮辋脱离

（3）安装
1）安装有内胎轮胎。

① 小心地展开内胎，确认内胎干燥，没有沾上尘土或者细沙，否则砂土将在安装后落入内胎和轮胎之间。确保气门安装正确，如图3-134所示。

② 将内胎装入轮胎，确保其在轮胎的圆周中平均展开。

③ 给内胎充气不超过20.7Pa的气压，确保其在轮胎中安装正确。

④ 将气门穿过垫带上的气门嘴孔，将垫带装入轮胎中，如图3-135所示。

图3-134 安装内胎

图3-135 装入胎垫

⑤ 将轮辋放在干净的地板上，润滑胎圈座区域；同时还要将安装润滑剂涂抹在轮胎胎圈和垫带的外侧，如图3-136所示。

⑥ 将气门杆与轮辋上的气门槽对齐，插入其中，确保气门杆正确安装在气门槽中心。在插入气门之前，临时装上气门帽，以保护其不受损伤，如图3-137所示。

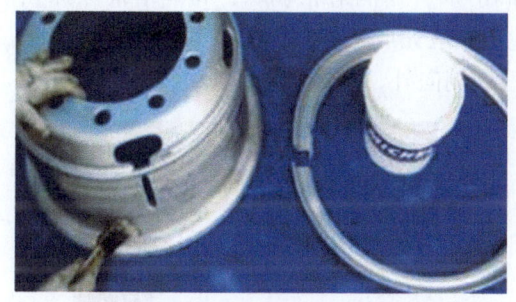

图3-136 润滑胎圈座区域

图3-137 对齐气门槽

⑦ 将轮胎装到轮辋上，并再次确认气门是否位于气门槽中心，如图3-138所示。

⑧ 朝向安全方向，安装压环和锁圈，然后给轮胎充气，如图3-139所示。

图3-138 确认气门位于气门槽中心

图3-139 安装压环和锁圈

2）安装无胎轮胎。

① 应检查轮辋上是否有任何损伤，清洁轮辋安装基座，检查是否有任何生锈或者异物。检查轮辋凸缘，使用轮辋制造商提供的轮缘磨损指数，查找是否有过度磨损现象，如图 3-140 所示。

② 取下气门芯，检查气门杆上是否有损伤或者磨损。检查气门上的橡胶孔眼，有必要时进行更换。为了防止铝制轮辋上的电化学腐蚀，在安装之前使用非水基的润滑剂，润滑气门杆上的螺纹和环形垫圈，如图 3-141 所示。

图 3-140　检查轮辋

图 3-141　取下气门芯

③ 在轮辋和轮胎胎圈的整个表面涂抹轮胎润滑剂。当润滑轮辋时，将润滑剂涂抹在两侧法兰之间的全部表面上。在润滑剂晾干之前，轮胎应完成安装和充气，如图 3-142 所示。

④ 安装窄面向上，将轮胎放置在轮辋上气门一侧向外，如图 3-143 所示。

图 3-142　涂抹润滑剂

图 3-143　放置轮辋

⑤ 使用适当的工具，装好第一个胎圈，胎圈装入凹槽中，如图 3-144 所示。

图 3-144　装胎圈

⑥ 使用相同的方法，安装第二个胎圈。

检测评价

汽车底盘行驶系统的拆装考核与成绩评定（参考）见表 3-3。

表 3-3 汽车底盘行驶系统的拆装考核与成绩评定（参考）

序 号	考核内容	配 分	评分标准	得 分
1	正确使用工量具、仪器	10	工量具、仪器使用不当每次扣 5 分	
2	后桥的拆装	10	拆装方法不正确每次扣 3 分	
3	前悬架的拆装	15	拆装方法不正确每次扣 5 分	
4	后悬架的拆装	15	拆装方法不正确每次扣 5 分	
5	有内胎轮胎的拆装	15	拆装方法不正确每次扣 5 分	
6	无内胎轮胎的拆装	15	拆装方法不正确每次扣 3 分	
7	操作现场整洁，安全用电，防火，无人身、设备事故	20	因操作不当发生重大事故，此次实训按 0 分计	
	分数总计	100		

任务三　转向系统的拆装

任务目标

1）学会汽车转向系统的正确拆装方法，进一步掌握转向系统的结构和工作原理。
2）培养学生在任务实施过程中的团队协作精神。

任务准备

1）汽车齿轮齿条式转向器总成 1 个，循环球式转向器 1 个。
2）拆装工作台 1 个。
3）汽车常用拆装工具 1 套，专用拆装工具 1 套。
4）检测仪器：150mm 游标卡尺 1 把，百分表及其表座 1 套，钢直尺 1 把，塞尺 1 把。
5）零部件存放台 1 个。
6）润滑脂和棉纱若干。
7）汽车转向系统拆装实训录像及挂图等。
8）每 5～6 人一组，由试验老师指导，学生自己动手拆装汽车底盘转向系统零部件。

任务实施

1. 齿轮齿条式转向器的拆装

（1）拆装前的准备工作　若车辆装有安全气囊，断开蓄电池负极至少 1min 以上，让备用电源的能量消耗掉。在拆卸气囊之前，必须了解安全气囊的功能，否则可能引起气囊意外张开，导致安全气囊不必要的修理或人身伤害；当维修装有安全气囊的汽车或处理安全气囊时，应戴护目眼镜；如果有巡航系统，则应拔下巡航控制开关；不要用锤子敲击转向轴来拆卸转向盘，这样将使转向轴损坏，导致转向盘无法取出。拆装齿轮齿条式转向器总成时，应当在拆装工作台上进行。

（2）拆卸

1）松开车轮锁紧螺母、转向横拉杆球头销螺母，如图3-145所示。

2）断开球头销的连接处，如图3-146所示。

图3-145　松开车轮锁紧螺母和转向横拉杆球头销螺母

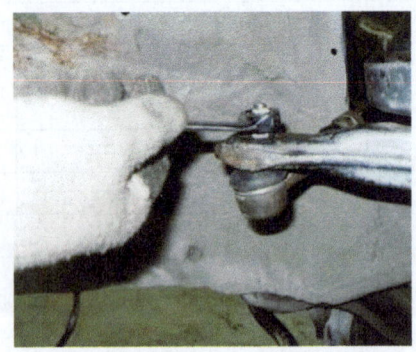

图3-146　断开球头销的连接处

3）撬开转向盘的喇叭开关，如图3-147所示。

4）松开并拆下转向盘固定螺母，拔掉点火开关及转向盘等线束插头，如图3-148所示。

图3-147　撬开转向盘喇叭开关

图3-148　拆下转向盘固定螺母

5）松开并拆下转向柱固定螺杆，脱开转向柱与转向器连接处，如图3-149所示。

6）松开转向器与车架固定螺母。

7）取下转向器总成，分解转向器间隙自调机构，如图3-150所示。

（3）安装

1）组装转向器总成。

2）将转向器与车架固定。

3）将转向柱与转向器相连，安装转向柱固定螺杆。

4）安装点火开关及转向盘等线束插头，安装转向盘固定螺母。

5）安装转向盘的喇叭开关。

6）安装球头销的连接处。

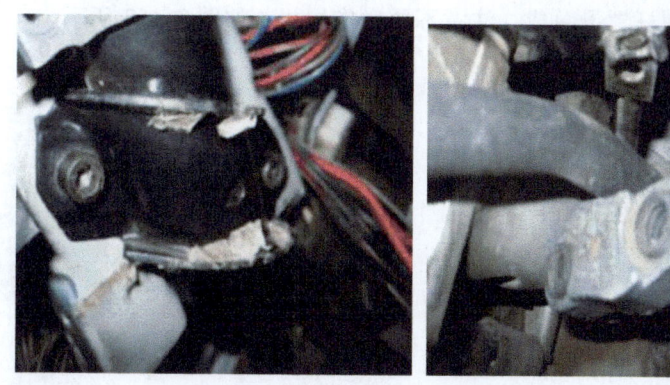

图 3-149　脱开转向柱与转向器

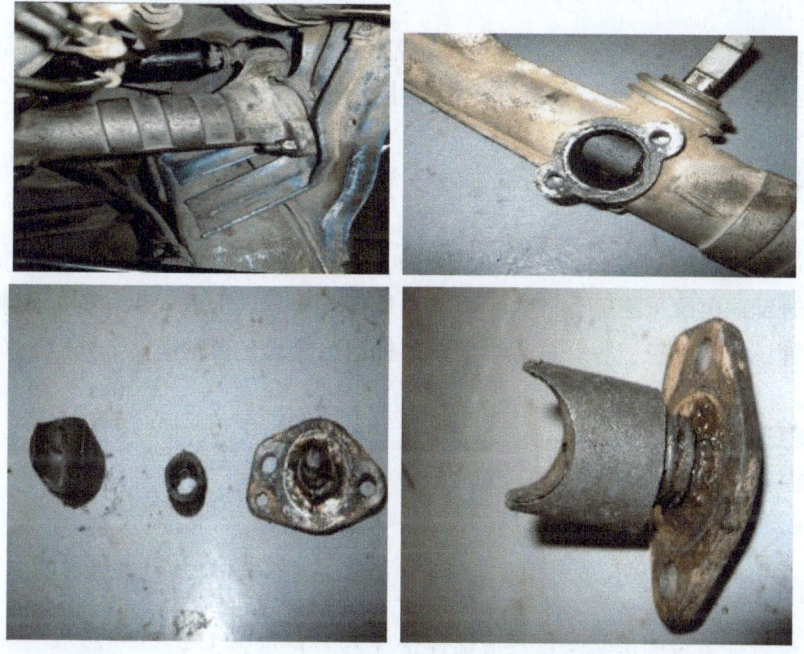

图 3-150　分解转向器间隙自调机构

7）安装转向横拉杆球头销螺母和车轮锁紧螺母。

2. 循环球式转向器的拆装

（1）拆装前的准备工作　拆装时，应注意循环钢球的数量和清洁，不准随意调换上、下垫片的厚度和位置，装好后的转向器应转动灵活、无卡滞现象。

（2）拆卸

1）清洗、放油。

2）取中。（转动螺杆到头，记住总圈数，作一标记，然后回退总数的一半。此时，螺母正处在螺杆中间位置。）

3）拆下侧盖取出齿扇摇臂轴总成，注意不要碰伤油封和端头螺纹，如图 3-151 所示。

4）分解摇臂轴。

5）拆下底盖取出螺杆螺母总成，注意不要碰伤油封，如图3-152所示。

图3-151 取出齿扇摇臂轴总成

图3-152 取出螺杆螺母总成

6）螺杆螺母总成若无异常情况（转动灵活、滚道无异常损伤、轴向及径向间隙符合要求等），则尽量不解体，必须解体时先拆导管卡子—导管—钢球—螺母—螺杆。注意两导管钢球分别放置并做好标记。

7）分解后，按要求对零件进行认真的清洗，然后进行零件分类检修。

（3）安装

1）装配钢球、螺杆螺母总成。安装钢球时应抹少量润滑脂（每个导管放36个），以防掉出，安装时钢球由螺母滚道孔放入，边转动螺杆、边放入钢球。将导管插入螺母孔中，用木锤敲击导管，使之到位。装好后螺母应在螺杆滚道全长上转动灵活，并自上而下自由匀速下落。

2）将螺杆螺母总成装入壳体。

3）装配摇臂轴并装入壳体。

4）安装侧盖。

检测评价

汽车底盘行驶系统的拆装考核与成绩评定（参考）见表3-4。

表3-4 汽车底盘行驶系统的拆装考核与成绩评定（参考）

序 号	考核内容	配 分	评分标准	得 分
1	正确使用工量具、仪器	10	工量具、仪器使用不当每次扣5分	
2	转向盘的拆装	10	拆装方法不正确每次扣3分	
3	齿轮齿条式转向器的拆装	20	拆装方法不正确每次扣5分	
4	循环球式转向器总成的拆装	20	拆装方法不正确每次扣5分	
5	循环球式转向器螺杆螺母的拆装	20	拆装方法不正确每次扣5分	
6	操作现场整洁，安全用电，防火，无人身、设备事故	20	因操作不当发生重大事故，此次实训按0分计	
	分数总计	100		

项目三　汽车底盘总成的拆装

任务四　制动系统的拆装

任务目标

1）学会汽车制动系统的正确拆装方法，进一步掌握制动系统的结构和工作原理。
2）培养学生在任务实施过程中的团队协作精神。

任务准备

1）汽车盘式制动器1套，鼓式制动器1套。
2）汽车常用拆装工具1套，专用拆装工具1套。
3）检测仪器：150mm游标卡尺1把，百分表及其表座1套，钢直尺1把，塞尺1把。
4）零部件存放台1个。
5）润滑脂、棉纱若干。
6）汽车制动系统拆装实训录像及挂图等。
7）每5~6人一组，由试验老师指导，学生自己动手拆装汽车制动系统零部件。

任务实施

1. 盘式制动器的拆装

（1）拆装前的准备工作　注意拆装顺序及各部件的相互关系；安装车轮前，应先补足制动液，对制动系统进行放气；保持场地清洁及零部件、工量具的清洁。

（2）拆卸
1）可靠地举升起汽车，拉紧驻车制动杆，并将变速器置于空档。
2）取下车轮。
3）拆下制动蹄上、下防振弹簧。
4）拆下制动轮缸定位螺栓，拆下制动轮缸，如图3-153所示。
5）拆下制动蹄。
6）抽出一部分制动液，防止制动液外溢。
7）将制动钳活塞压回到制动钳壳体内。
8）拆下制动钳固定支架以及制动盘与轮毂的连接螺栓，如图3-154所示。

图3-153　拆下制动轮缸定位螺栓

图3-154　拆下制动钳固定支架及制动盘与轮毂的连接螺钉

（3）安装

1）安装制动盘与轮毂的连接螺钉，安装制动钳固定支架。

2）安装制动蹄。

3）安装制动轮缸及其定位螺栓。

4）安装制动蹄上、下防振弹簧。

5）安装车轮。

2. 鼓式制动器的拆装

（1）拆装前的准备工作　注意拆装顺序及各部件的相互关系；安装车轮前，应先补足制动液，对制动系统进行放气；保持场地清洁及零部件、工量具的清洁。

（2）拆卸

1）用千斤顶将车辆支起，用轮胎扳手将固定轮胎的 4 个螺栓松开，如图 3-155 所示。

2）将车辆继续支起，使轮胎离开地面，取下轮胎，如图 3-156 所示。

图 3-155　松开螺栓

图 3-156　取下轮胎

3）取下轮毂盖，拆下开口销，拿下开槽垫圈，取下轴头螺栓，并取出止动垫圈和轴承，如图 3-157 所示。

4）用螺钉旋具柄通过制动鼓螺孔向上拨动楔形块，使制动蹄与制动鼓放松，如图 3-158 所示。

图 3-157　取出止动垫圈和轴承

图 3-158　放松制动蹄与制动鼓

5）取下制动鼓，如图 3-159 所示。

6）用鲤鱼钳拆下压簧座圈，用手从下面的支架上提起制动蹄，取下回位弹簧，如图 3-160 所示。

7）取下制动蹄及驻车制动杆等，如图 3-161 所示。

项目三 汽车底盘总成的拆装

图 3-159 取下制动鼓

图 3-160 取下回位弹簧

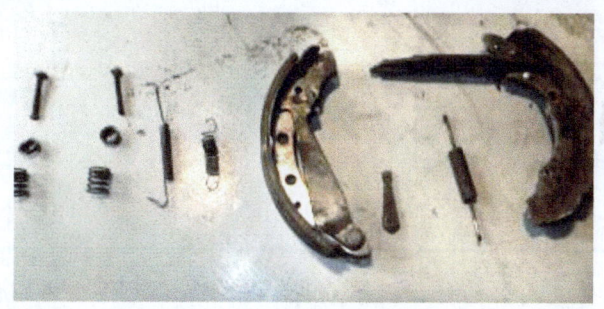

图 3-161 取下制动蹄及驻车制动杆

检测评价

汽车制动系统的拆装考核与成绩评定（参考）见表 3-5。

表 3-5 汽车制动系统的拆装考核与成绩评定（参考）

序 号	考核内容	配 分	评分标准	得 分
1	正确使用工量具、仪器	20	工量具、仪器使用不当每次扣 5 分	
2	盘式制动器的拆装	30	拆装方法不正确每次扣 5 分	
3	鼓式制动器的拆装	30	拆装方法不正确每次扣 5 分	
4	操作现场整洁，安全用电，防火，无人身、设备事故	20	因操作不当发生重大事故，此次实训按 0 分计	
	分数总计	100		

项目四

汽车车身附件的拆装

项目描述

通过对车身附件及内饰的仔细观察分析，了解车身附件及内饰件的作用及技术要求，并通过对一辆整车附件的拆装，掌握其拆装流程和技术要求，以达到可以对相关部件进行拆装、维修和更换的目的。

任务一　汽车保险杠的拆装

任务目标

1）学会汽车保险杠的正确拆装顺序，掌握其拆装的技术要求，能够进行常规的维修和更换工作。

2）培养学生在任务实施过程中的团队协作精神。

任务准备

1）桑塔纳 3000 轿车整车 1 台。
2）举升机一台。
3）汽车常用拆装工具 1 套。
4）清洗机 1 台。
5）零部件存放台 1 个。
6）拆装实训录像及相关的教学挂图等。
7）每 5~6 人一组，由试验老师指导，学生自己动手进行拆装。

任务实施

拆装之前将车辆平稳地停放在举升机上,拉好驻车制动杆,放好车轮前、后挡块,保证车辆正确、安全停放。

1. 前保险杠的拆卸

1)打开发动机舱盖,用T形扳手拆下前格栅上的4个螺栓,如图4-1所示。

2)轻轻取下前格栅,注意不要损坏前格栅下面的3个塑料夹子,如图4-2所示。

图4-1 拆卸前格栅螺栓示意图

图4-2 取下前格栅示意图

3)用T形扳手拆下保险杠上部的3个螺栓,如图4-3所示。

4)用T形扳手拆下前保险杠左、右两侧各4个螺栓,如图4-4所示。

图4-3 拆卸前保险杠上部的螺栓示意图

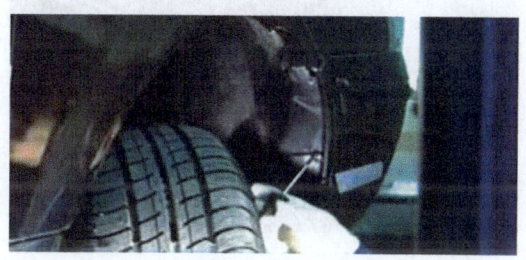
图4-4 拆卸左、右两侧螺栓示意图

5)利用举升机举起车辆到合适的高度,拆卸前保险杠下部的5个螺栓,注意挂好举升机保险装置,如图4-5所示。

6)落下举升机,轻轻取下前保险杠,注意不要用力过猛,防止拉断雾灯连接端口,如图4-6所示。

图4-5 拆卸下部螺栓示意图

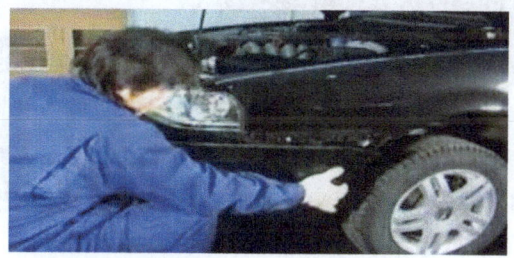
图4-6 轻取前保险杠外壳示意图

7)轻轻拔出雾灯连接线端口,完全取下前保险杠并将其稳定的放置于零部件存放台上，如图 4-7 所示。

2. 前保险杠的安装

前保险杠的安装流程与拆卸顺序反向，注意举升机的正确使用及连接线端口的正确插接。

3. 后保险杠的拆卸

1）打开行李箱盖，拆卸两侧螺栓饰盖，用 T 形扳手拆下对应螺栓，如图 4-8 所示。

 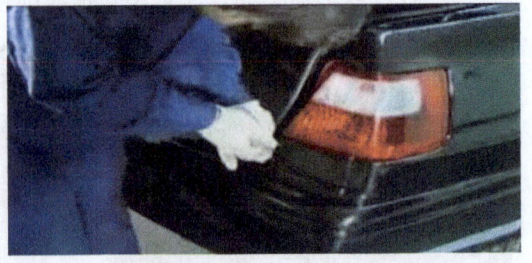

图 4-7　轻拔雾灯连接线端口示意图　　　　图 4-8　拆卸行李箱两侧螺栓示意图

2）拆下牌照灯下部的 4 个螺栓，如图 4-9 所示。

3）轻轻取出牌照灯罩和牌照灯底座，注意牌照灯连接线端口的连接，如图 4-10 所示。

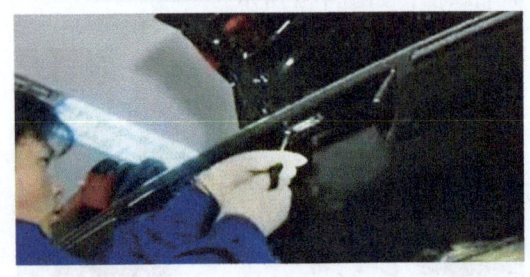 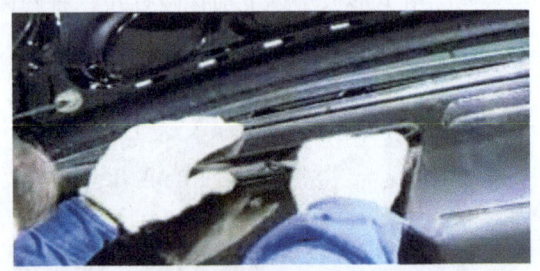

图 4-9　拆卸牌照灯下部的螺栓示意图　　　　图 4-10　取下牌照灯罩及底座示意图

4）用 T 形扳手拆卸后保险杠左右两侧各 4 个螺栓，如图 4-11 所示。

5）利用举升机举起车辆到合适的高度，拆卸后保险杠下部的 4 个螺栓，注意挂好举升机保险装置，如图 4-12 所示。

 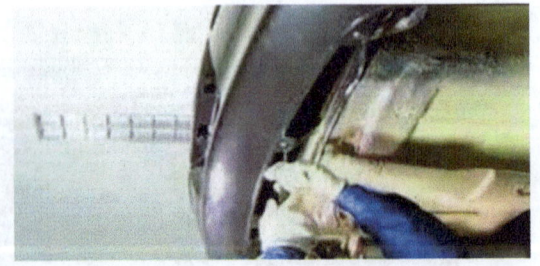

图 4-11　拆卸左、右两侧螺栓示意图　　　　图 4-12　拆卸下部螺栓示意图

6）落下举升机，轻轻取下后保险杠，并将其稳定地放置于零部件存放台上，如图 4-13 所示。

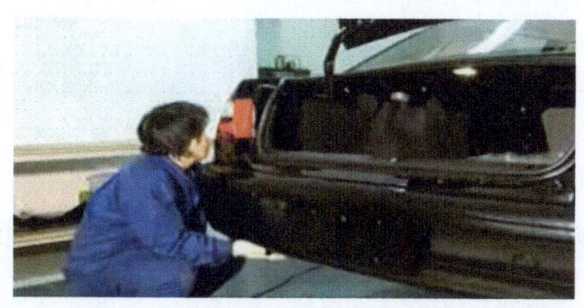

图 4-13　轻取后保险杠示意图

4. 后保险杠的安装

后保险杠的安装流程与拆卸顺序反向，注意举升机的正确使用及连线端口的正确插接。

检测评价

前、后保险杠的拆装考核与成绩评定（参考）见表 4-1。

表 4-1　前、后保险杠的拆装考核与成绩评定（参考）

序号	考核内容	配分	评分标准	得分
1	正确使用工量具	5	工量具的选择和使用不当每次扣 1 分	
2	举升机的使用	10	举升机使用不当每次扣 5 分	
3	栅格的拆卸	10	拆卸方法不正确扣 5 分，损坏塑料夹子扣 5 分	
4	前保险杠螺栓的拆卸	10	拆卸方法不正确、漏拆等每次扣 2 分	
5	雾灯的拆卸	10	方法不正确、拔断连接线端口每次扣 5 分	
6	前保险杠的安装	10	安装顺序不正确或螺栓漏装每次扣 2 分	
7	牌照灯的拆卸	10	拆卸方法不正确或拔断连接线每次扣 5 分	
8	后保险杠螺栓的拆卸	10	拆卸方法不正确、漏拆等每次扣 2 分	
9	前保险杠放到指定位置	5	摆放位置不对或不稳扣 5 分	
10	后保险杠的安装	10	安装顺序不正确或螺栓漏装每次扣 2 分	
11	操作现场整洁，安全用电，防火，无人身、设备事故	10	因操作不当发生重大事故，此次实训按 0 分计	
	分数总计	100		

任务二　汽车内饰件的拆装

任务目标

1）学会汽车内饰件的正确拆装顺序，掌握其拆装的技术要求，能够进行常规的维修和更换工作。

2）培养学生在任务实施过程中的团队协作精神。

任务准备

1）桑塔纳 3000 轿车整车 1 辆。

2）汽车常用拆装工具 1 套。

3）清洗机 1 台。

4）零部件存放台 1 个。

5）拆装实训录像及相关的教学挂图等。

6）每 2~3 人一组，由试验老师指导，学生自己动手进行拆装。

任务实施

拆装之前将车辆停放平稳，拉好驻车制动杆，放好车轮前、后挡块，保证车辆正确、安全地停放。

1. 内饰件拆卸

1）拆下驾驶人侧杂物盒，如图 4-14 所示。

2）拆下右前侧杂物盒，如图 4-15 所示。

图 4-14　拆卸驾驶人侧杂物盒示意图

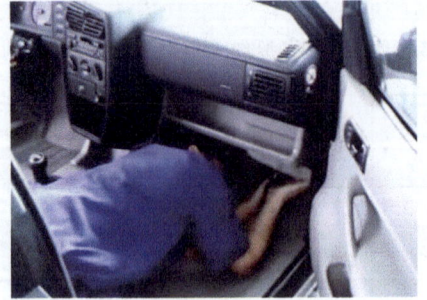

图 4-15　拆卸右前侧杂物盒示意图

3）拆下副仪表架两侧挡板、前端盖和后端盖，如图 4-16 所示。

4）拆下右侧 A 柱饰板，如图 4-17 所示。

5）拆下右侧车门门槛嵌条，如图 4-18 所示。

6）同样方法拆下左侧 A 柱饰板和车门门槛嵌条。

7）拉下左前车门门框嵌条，如图 4-19 所示。

8）同样方法拉下其他车门门框嵌条。

项目四 汽车车身附件的拆装

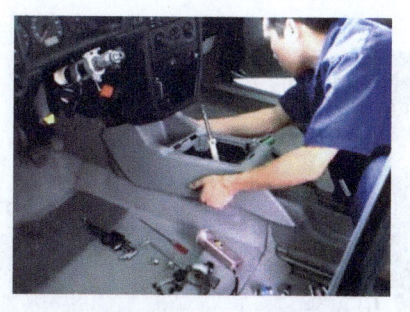

图 4-16 拆卸副仪表架前、后端盖示意图

图 4-17 拆卸右侧 A 柱饰板示意图

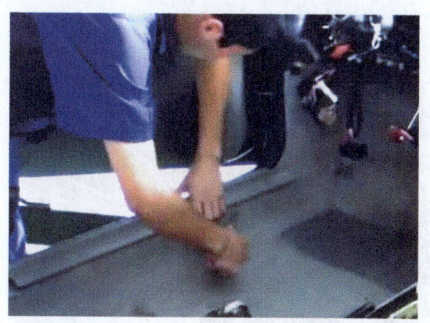

图 4-18 拆卸门槛嵌条示意图

图 4-19 拆卸左前车门门框嵌条示意图

9）拆下右前侧安全带上、下螺钉，拆下安全带锁紧器，并拆下 B 柱上、下饰板，如图 4-20 所示。

10）拆下地毯锁紧扣，并取出地毯和消声垫，如图 4-21 所示。

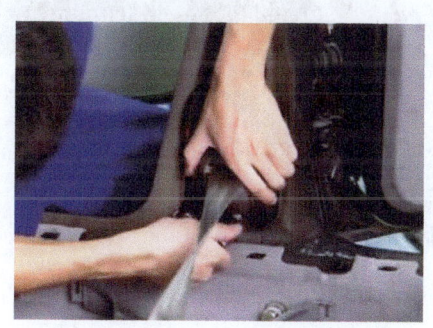

图 4-20 拆卸安全带锁紧器示意图

图 4-21 取出地毯和消声垫示意图

11）拆下后排座椅安全带螺钉，并拆下左、右两侧 C 柱饰板，如图 4-22 所示。

12）轻轻取出后支架饰板，并注意拔下高位制动灯连接线束端口，如图 4-23 所示。

13）拆卸左、右两侧遮阳板，如图 4-24 所示。

14）拆卸左、右两侧顶部扶手，如图 4-25 所示。

15）拆下头顶板，注意不可用力拉，小心拔出车顶灯连接线束端口，如图 4-26 所示。

2. 内饰件的安装

1）对位铺上消声垫和地毯，并扣紧各锁扣，如图 4-27 所示。

汽车拆装实训

图 4-22 拆卸左、右两侧 C 柱饰板示意图

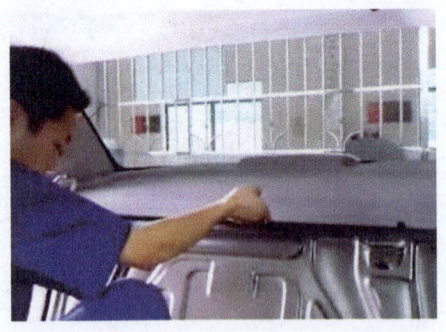

图 4-23 取出后支架饰板示意图

图 4-24 拆卸遮阳板示意图

图 4-25 拆卸顶部扶手示意图

图 4-26 拆卸顶板示意图

图 4-27 扣紧锁扣示意图

2）安装副仪表架左、右挡板和前、后端盖，并拧紧螺栓，如图 4-28 所示。
3）装上变速杆操纵球头并拧紧夹箍，然后盖紧上盖板，如图 4-29 所示。
4）装上驾驶人侧杂物盒，并拧紧螺栓。
5）装上右前侧杂物盒，并拧紧螺栓。
6）装上头顶板，并连接车顶灯线束端口，如图 4-30 所示。
7）安装两侧顶部扶手，并拧紧螺栓。
8）安装遮阳板，并拧紧螺栓。
9）安装后支架饰板前先连接高位制动灯线束端口，并检查线束连接是否正常，如图 4-31 所示。

图 4-28　安装前、后端盖等示意图

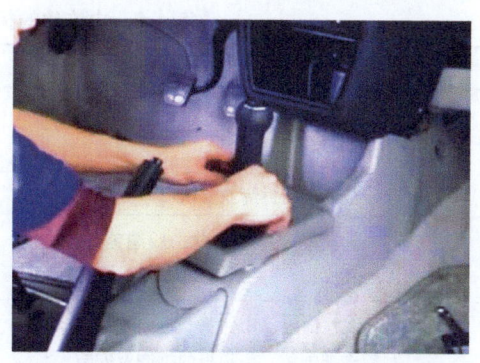

图 4-29　安装上盖板示意图

图 4-30　连接车顶灯线束端口示意图

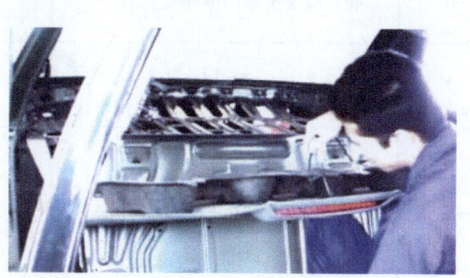

图 4-31　连接高位制动灯线束端口示意图

10）安装后部 C 柱饰板，并安装安全带，拧紧相应的螺栓。

11）同样方法安装 B 柱饰板，并安装前排座椅安全带。

12）安装后车门门框嵌条和门槛嵌条，并压紧门槛嵌条，如图 4-32 所示。

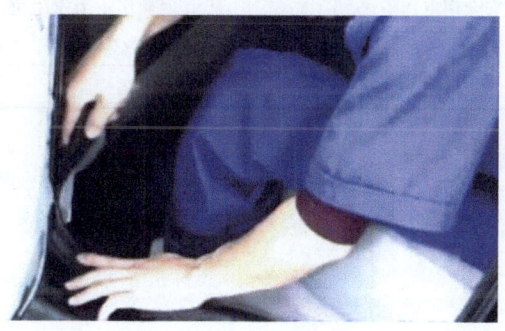

图 4-32　安装门框嵌条示意图

13）安装 A 柱饰板，并拧紧螺栓。

14）同样方法安装前车门门框嵌条和门槛嵌条，并压紧门槛嵌条。

检测评价

内饰件的拆装考核与成绩评定（参考）见表 4-2。

表 4-2　内饰件的拆装考核与成绩评定（参考）

序号	考核内容	配分	评分标准	得分
1	正确使用工量具	5	工量具的选择和使用不当每次扣1分	
2	杂物盒的拆卸及安装	5	拆装不当每次扣2分	
3	副仪表架挡板及前、后端盖的拆卸和安装	10	拆装方法不正确、损坏锁紧扣每次扣5分	
4	A柱饰板、B柱饰板、C柱饰板、后支架饰板、头顶板的拆卸及安装	10	拆卸方法不正确、漏拆或损坏等每次扣2分	
5	门框嵌条及门槛嵌条的拆卸和安装	10	拆装方法不正确、压不紧或损坏每次扣2分	
6	前、后安全带的拆卸及安装	10	拆装方法不正确或螺栓漏装每次扣2分	
7	地毯及消声垫的拆卸和安装	10	拆装方法不正确、损坏锁紧扣每次扣5分	
8	高位制动灯的拆卸和安装	5	拆装方法不正确、线束拔出或连接不正常等每次扣2分	
9	车顶灯的拆卸和安装	5	拆装方法不正确、线束拔出或连接不正常等每次扣2分	
10	遮阳板的拆卸和安装	10	拆装方法不正确或螺栓漏装每次扣2分	
11	上部扶手的拆卸和安装	10	拆装方法不正确或螺栓漏装每次扣2分	
12	操作现场整洁，安全用电，防火，无人身、设备事故	10	因操作不当发生重大事故，此次实训按0分计	
	分数总计	100		

参 考 文 献

[1] 董继明，胡勇. 汽车拆装与调整 [M]. 北京：机械工业出版社，2010.
[2] 朱芳新. 汽车发动机构造与维修 [M]. 南京：江苏教育出版社，2010.
[3] 南长根，张春明. 汽车构造 [M]. 南昌：江西高校出版社，2010.
[4] 张朝山. 汽车拆装与调整 [M]. 北京：机械工业出版社，2003.
[5] 陈家瑞. 汽车构造 [M]. 2版. 北京：机械工业出版社，2005.
[6] 张士江. 汽车底盘新结构 [M]. 北京：高等教育出版社，2006.
[7] 孙五一. 车身检测与校正 [M]. 北京：高等教育出版社，2011.
[8] 姜于波. 汽车运用基础 [M]. 北京：机械工业出版社，2011.
[9] 张红伟. 汽车自动变速器实训 [M]. 北京：高等教育出版社，2007.
[10] 王凤军. 汽车维护与保养实训 [M]. 北京：冶金工业出版社，2012.